편의점의 진화

KONBINI ZENSHI
NIHON NO LIFESTYLE WO KAETA 50 NEN NO MONOGATARI
written by Naofumi Nakamura
Copyright © 2024 by Nikkei Inc.
All rights reserved.
Originally published in Japan by Nikkei Business Publications, Inc.
Korean translation rights arranged with Nikkei Business Publications, Inc.
through BC Agency.

이 책의 한국어판 저작권은 BC 에이전시를 통해
저작권자와 독점 계약을 맺은 위티베어프레스에게 있습니다.
저작권법에 의해 한국 내에서 보호를 받는 저작물으로 무단전재와 복제를 금합니다.

낯선 점포는 어떻게 일상의 풍경이 됐는가?
편의점의 진화

나카무라 나오후미 지음
박정아 옮김

모두가 반대하던 사업이
65조 인수 제안을 받기까지

WATER BEAR PRESS

일러두기
- 한글 전용을 원칙으로 하고, 필요한 경우에 원어나 한자를 병기했다.
- 인명, 지명 등의 외래어 표기는 검색이 용이한 널리 사용되는 표기를 따랐다.
- 단행본·신문·잡지 등의 제목은 《》, 논문·기사·영상 등의 제목은 〈〉으로 표기했다.
- 한국어판의 모든 각주는 독서의 편의를 위해 단 옮긴이 주다.
- 독서의 편의를 위해 본문에 등장하는 금액에 필요한 경우 한국 원화 가치를 표기했다.
  환율은 2025년 6월 30일을 기준으로 했다.

머리말

인류가 속한 포유류는 10센티미터도 채 안 되는 작은 몸집으로 중생대Mesozoic Era 때 탄생했다. 이후 포유류는 공룡이 가장 번성했던 시기를 지나, 거대 운석 충돌 등 온갖 위기를 극복하고 진화를 거듭하더니 급기야 인류를 탄생시키며 지구 위의 제1인자로 군림한다. 이 같은 포유류의 진화 과정은 어딘지 모르게 편의점과 닮아있다.

1960년대 후반에서 70년대 초, 일본에는 작은 슈퍼마켓 같기도 하고 동네 구멍가게 같기도 한 특이한 소형 상점이 드문드문 나타나기 시작했다. 그때는 편의점이라는 명칭도 알려지지 않아서 달리 부를 이름도 없었다. 그도 그럴 것이 당시만 해도 마트가 본격적으로 점포 확장에 나서면서 백화점과 나란히 대형 소매점의 공룡으로 부상하며 개인 소비 시장을 지배하던 시절이었다.

그에 비하면 편의점은 시대에 역행한 듯 보였고, 오늘날과 같은 발전을 이루리라고는 아무도 예상치 못했다. 하지만 포유류가 생존할 수 있었던 건 작은 크기 덕분이다. 그 작은 몸집에서 비롯된 유연함으로 특정 능력에 의존하지 않고 환경에 맞춰 진화를 거듭한 끝에 인류를 포함한 강력한 생물 집단을 탄생시킨 것이다.

마찬가지로 편의점도 소비자 접근성을 무기로 다양한 편의를 제공하며 강력한 생태계를 구축했다. 특히 1980년대 이후, 여성의 사회 진출이 활발해지고 1인 가구가 늘어나는 등 편의점이 생존하기에 유리한 쪽으로 환경이 바뀌면서 2010년대까지 편의점 점포 수는 폭발적으로 늘어났다. 반대로 소매업계의 선두 주자였던 대형마트나 백화점 같은 대규모 소매점은 점포 확장과 가격을 둘러싼 경쟁이 치열해지면서 과거 거대 공룡처럼 도태하기 시작했다.

일본의 프랜차이즈 체인 협회에 따르면, 일본 내 7개 편의점 브랜드의 점포 수는 약 5만 5,000개에 달하며 2023년 연간 매출액은 11조 6,593억 엔(약 109조 5,018억 원), 이용자 수는 약 160억 명이다. 여기에 크고 작은 다양한 제조사와 도매상, 서비스 업체가 적극적으로 투자를 추진하면서 거대한 '편의점 경제권'을 키우고 있다.

그런 편의점이 탄생 반세기 만에 위기를 맞았다. 인구 감소와 출산율 저하, 고령화의 영향으로 상권이 점차 좁아지고 있는 데다 인력 부족도 심각하다. 게다가 그간 강점으로 여겼던 촘촘한 점포망과 물류망은 점차 유지가 버거워지고 있다.

편의점도 과거 다른 소매업처럼 정체기에 빠질까? 아니면 시장 변화를 계기로 새롭게 진화할까? 편의점 동향은 일본의 개인 소비는 물론, 경제 동향 전반에도 영향을 끼치는 만큼 관련 업계의 관심도 높아지고 있다.

2024년은 마침 일본 고유의 편의점 체계를 구축한 세븐일레븐 재팬 1호점이 문을 연 지 50주년이 되는 해였다. 지난 2021년 미국의 편의점 체인 스피드웨이Speedway를 약 2조 엔(약 19조 원)에 인수하면서 글로벌 체인으로의 성장 발판을 마련해 상승세를 타는 듯했던 세븐일레븐은 2024년 8월, 뜻밖의 소식을 전해왔다. 캐나다의 편의점 대기업 일리멘타시옹구시타르Alimentation Couche-Tard, ACT로부터 인수합병 제안을 받은 것이다.

일본 최대 소매업체로 군림해 온 세븐일레븐을 산하에 둔 세븐앤드아이홀딩스Seven&I Holdings가 인수 대상이 됐다는 소식에 일본 사회는 발칵 뒤집혔다. 국내에서 압도적인 경쟁력을 자랑하는 기업도 글로벌 경쟁이라는 파도에는 맥없이 휩쓸릴 수밖에 없는 것일까? 일본 경제의 취약점이 드러난 것만 같아 향후 전개에 불안감을 느낀 사람도 많았을 것이다. 그래서 나는 일본 경제의 열쇠를 쥐고 있는 편의점의 미래를 생각하기에 앞서 지난 반세기의 역사를 되돌아볼 필요가 있다고 느꼈다. 이 책은 악전고투를 거듭했던 창업 초기는 물론 상품 개발을 둘러싼 각종 에피소드, 가맹점주와 경영진의 인터뷰 등으로 구성돼 있다. 경영을 위한 유용한 힌트 내지는 일본 경제사를 수놓은 드라마틱한 에피소드를 즐긴다는 마음으로 읽어주길 바란다.

차례

머리말   5

1. 편의점의 새벽, 세븐일레븐 1호점의 탄생

편의점 1호점의 추억   18
난항 끝에 내딛은 첫발   20
가족의 생계를 건 모험   25

2. 삼각김밥, 편의점 간판 상품의 탄생

애매했던 점포 콘셉트   34
위기 속에서 발견한 보물   37
다양해지는 사회의 첨병   41
신개념 주먹밥을 내놓다   44
새로운 수요를 일으킨 붉은 주먹밥   45
팀 머천다이징 기법으로 차별화   48

3. 촘촘하게 엮인, 세븐일레븐의 '푸드' 경제권

매출의 60퍼센트가 세븐일레븐인 회사 53
깐깐함이 안겨주는 성장 기회 55
3개월 만에 받은 납품 의뢰 59

4. PB 상품으로 고객 확장에 나서다

세븐일레븐의 가파른 성장 66
업계에 불어닥친 위기 67
맨땅에서 시작한 PB 개발 70
식탁의 주역급 메뉴도 PB로 72
'식품계의 인텔'을 발굴하다 77
프리미엄 제품 개발, 그리고 협상 79
1,300미터짜리 기업 광고 82
끊임없는 상품 개선 83
세븐일레븐과 협력사의 공진화 85

5. 세븐카페, 패자부활전이 낳은 80억 잔 판매의 기적

실패를 거듭한 커피 머신 개발	90
지더라도 개선을 멈추지 않는다	92
사용자 중심 개발에 눈뜨다	94
세븐일레븐이 편의점계의 거목인 이유	96
'카레 빵'으로 리벤지를 꿈꾸다	98

6. 세븐의 물류 혁명, 일본의 소비 패턴을 바꾸다

판매자 중심에서 소비자 중심으로	105
시대의 첨단인가, 역행인가	108
우유를 기점으로 시작된 공동 배송	109
편의점 물류가 낳은 개혁과 비판	111
배송 센터의 거듭된 개선	114
주먹밥은 배합 비율 조절로 신선도 향상	115

7. 로손, 참신함과 화제성으로 승부를 보다

미국식 라이프스타일을 꿈꾸다	120
가라아게군, 발권 서비스, 중국 진출	123
카바레 체인과의 손을 잡다	125
새로운 사업에 뛰어든 베테랑 오너	127
수많은 신념이 낳은 혁신	129
가라아게군이 보여준 갓 만든 음식의 가치	131
로손이 화장실을 개방한 이유	133
[인터뷰] 로손 사장 다케마스 사다노부	135

8. 훼미리마트, 3등 탈출을 위한 분투

미국식이 아닌 일본식 프랜차이즈로	142
창업 초기, 점주의 당혹감과 결단	146
무릎을 꿇어가며 버티다	147
세존 그룹에서 이토추상사로	149
M&A로 라이벌이 '콤비'가 되다	152
중국제보다 비싼 일본 타월이 팔린 이유	154
[인터뷰] 훼미리마트 사장 호소미 겐스케	158

9. 세븐일레븐, 인수 제안이 오기까지 격동의 15년

성공 체험이 걸림돌로	167
'1엔 주먹밥'을 파는 매장도	168
내부 갈등과 비즈니스 모델 수정	172
종합 반성회를 개최하다	174
다시 PB를 생각하다	176
다양한 상품과 합리적 가격의 양립	179
세계화와 현지화	180

10. 편의점의 아버지, 스즈키 도시후미에게 묻다

반대를 자양분으로 삼다	186
'단품 관리'의 개념	187
세상의 불편함에 도전한 은행 설립	189
세븐일레븐의 본가, 사우스랜드를 재건하다	195
캐나다 기업의 인수 제안	197
최고의 기술로 최고의 상품을	200
도전하지 않으면 버림받는다	203
회사 대표는 최고의 홍보요원이어야 한다	205
스즈키 명예회장의 '세븐이즘'	207

11. 세이코 마트, 지역과 상생하는 '공동 쇠퇴' 전략

홋카이도 인구보다 많은 카드 회원 보유	213
위기의식이 낳은 독자 모델	216
100점짜리 상품보다 질리지 않는 상품을	217
지역 인프라 점포로 살아남는 '공동 쇠퇴'	222
그 어느 때보다 지역에 깊숙이 침투하다	224
얽히고설킨 합리성과 비합리성	226

에필로그	228
맺음말	234
부록_일본 편의점 50년사 연대표	237

1. 편의점의 새벽, 세븐일레븐 1호점의 탄생

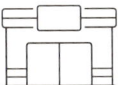

1974년 5월 15일. 일본에서는 본 적도 들은 적도 없는 세븐일레븐이 처음 문을 연 그날은 비가 내리고 있었다. 도쿄 도요스에 자리한 1호점 점장 야마모토 겐지山本憲司는 지금도 그날을 생생하게 기억하고 있다. 오픈은 오전 7시였지만, 납품 트럭을 기다리느라 그전부터 문을 살짝 열어놓고 있었다. 그러자 6시 반이 조금 넘어 운전사로 보이는 남성이 "문 열었나요?"하며 가게 안을 들여다봤다.

 야마모토가 들어오라고 하자 남성은 가게 안을 빙 돌더니 계산대 근처에 있던 800엔짜리 선글라스를 샀다. 단 몇 분 만에 끝난 접객이었지만, 긴장한 탓인지 야마모도에게는 몇 시간처럼 느껴졌다.

편의점 1호점의 추억

 오픈 첫날은 홍보 전단 등이 효과를 거둔 덕분에 800~900여 명이 매장을 방문했다. 유통 혁명의 주역으로 꼽히는 다이에ダィェ-*의 창업자 나카우치 이사오中内功도 동행을 데리고 왔다. 물론 당시 세븐일레븐을 운영하던 요쿠세븐York Seven의 모회사이자 유통 기업인 이토요카도伊藤羊華堂의 사장 이토 마사토시伊藤雅俊와 세븐일레븐을 일본에 들여온 스즈키 도시후미鈴木敏文도 매장을 찾아줬다. 야마모토는 "마냥 허둥대기만 했는데, 이토 씨가 챙겨준 덕에 기념 사진 한 장은 남길 수 있었습니다"라며 당시를 회고했다. 밤 11시에 매장 문을 닫고 정산을 해보니 첫날 매출은 50만 4,000엔(약 473만 3,000원). 예상했던 40만 엔을 크게 빗나간 액수였지만 기분 좋은 마감이었다.

 이제 편의점은 일상에서 당연한 존재가 됐다. 그러나 사람은 직접 겪어보지 않는 한 기존 모델에 근거해 생각하기 마련이다. 1970년대 초에 편의점이 처음 등장했을 때

- 1970~1980년대에 급성장했던 일본의 소매 유통사. 한때는 일본 최대의 소매 유통 업체로 군림하기도 했으나, 90년대 후반부터 시작된 경영 악화를 극복하지 못하고 2013년 이온그룹에 인수됐다. 현재는 식품 중심의 슈퍼마켓 브랜드로 존속하고 있다.

만 해도 사람들은 편의점을 '심야 슈퍼마켓'이라고 불렀다. 사실 모회사인 이토요카도가 보기에도 세븐일레븐은 짙은 안개를 뚫고 출항하는 선박이나 다름없었다. 야마모토는 그런 미지의 세계에 뛰어들어 세븐일레븐 창업 초기에 각종 실험을 담당한 것이다. 그가 정착시킨 근무 형태나 영업 태도, 경영 철학은 지금도 다른 점주들의 귀감이 되고 있다. 그리고 여전히 현역으로 두 달에 한 번씩 비공식 점주 모임을 열고 본사 경영진에게도 건의 사항을 올린다. 야마모토는 웃으며 이렇게 말했다.

"규모가 이만큼 커지면 현장에서 일상적으로 겪는 문제가 본부에 바로 전달되지는 않습니다. 본부의 전략과 혁신, 점포의 노력을 합치지 않으면 경쟁력은 기를 수 없죠. 나가마쓰 후미히코永松文彦 대표에게 보고를 올릴 때마다, 그는 부하 직원 보고와는 뭔가 다르다는 반응을 보이는데 그건 당연합니다. 부하 직원의 보고는 적당히 덜어내고 들어야 합니다."

야마모토는 한 명의 점주일 뿐이지만, 경영진에게 본인의 직속 회사도 아닌 이토요카도의 경영 상담을 해 주기도 하고 점포 운영의 고민과 해결 방안을 책으로 정리하기도 하는 등 장사에 관해서는 그룹을 초월한 '걸어 다니는

백과사전' 같은 인물이다. 하지만 이런 경지에 이르기까지 그의 여정은 험난했다. 애초부터 모회사인 이토요카도 내부에서도 세븐일레븐 도입을 반대하는 의견이 거셌고, 야마모토도 주변의 반대에 부딪혔다. 이제부터 기적으로 가득 찬 세븐일레븐의 창업 스토리 속으로 들어가 보자.

난항 끝에 내딛은 첫발

세븐일레븐 창업은 1971년 이토요카도의 이사로 갓 취임한 스즈키 도시후미의 비즈니스와 사회를 바라보는 '고집스러운' 철학에서 시작됐다. 지금은 세븐일레븐 창업의 주역이지만 당시만 해도 초짜 간부였던 그에게 떨어진 골치 아픈 임무 중 하나는 자사의 대형마트 오픈을 둘러싼 지역 상점과의 협상이었다. 중소 소매점 점주들은 대형마트가 들어오면 손님을 빼앗길 거라며 거부반응을 보였고 급기야 현지 정치인까지 소환되기에 이르렀다. 스즈키가 중소 소매점과 대형마트는 공존할 수 있다고 아무리 설명해도 들어 주는 사람은 없었다. 막막한 심정으로 유통 선진국인 미국 시찰에 나선 스즈키. 그런데 뜻밖에도 그는

세븐일레븐은 다양한 서비스를 제공하며 생활 인프라로 자리 잡았다

1974년	프랜차이즈 체인 시작 **도쿄 도요스에 1호점 오픈**
1975년	후쿠시마현 고리야마시에서 24시간 영업 시작
1982년	POS시스템으로 '단품 관리'
1987년	도쿄전력 요금 수납 서비스 시작
1991년	**미국 사우스랜드 인수**
2000년	복합기 도입
2001년	**점포 내 ATM 설치 개시**
2007년	세븐앤드아이홀딩스의 PB 상품 '세븐프리미엄' 출시
2013년	'세븐카페' 출시
2019년	심야 휴업 규칙 제정
2021년	미국 편의점 대기업 스피드웨이 인수

주류 판매점을 개조한 1호점을 시작으로 1000호점을 돌파했지(1980년).

복사, 사진 인화, 티켓 발권이 편리해졌어.

식사 배달 서비스(2000년)나 이동식 편의점(2011년)을 시작했어.

1. 편의점의 새벽, 세븐일레븐 1호점의 탄생

미국에서 생각지 못한 해결책을 발견한다.

점포 개발부 총괄 매니저인 시미즈 히데오淸水秀雄 일행과 함께 미국의 다양한 슈퍼마켓과 쇼핑센터를 둘러보면서 스즈키는 국토 면적도, 상관습도, 생활 습관도 일본과는 너무나 다른 미국의 슈퍼마켓 시스템을 도입하는 데 의문을 품었다. 그나마 일본에서 성공 가능성이 있어 보이는 건 패밀리 레스토랑 체인 데니즈Denny's였지만, 당시 데니즈는 일본 진출에 소극적이었다. 그때 마침 스즈키의 눈에 띈 것이 세븐일레븐이었다.

대형마트가 성장을 거듭하는 와중에도 세븐일레븐은 미국 전역에 4,000개의 점포를 거느리고 있었다. 스즈키는 이를 가능케 하는 시스템의 정체가 궁금해졌고, 조사 끝에 이 소형 상점이 초우량 기업이라는 사실을 알아냈다. 그리고 이 세븐일레븐에서 중소 소매점을 활성화할 해답을 발견했다. 당시 일본에서 중소형 점포가 밀집한 상점가가 침체기를 맞은 원인은 '일요일 휴무'나 '짧은 영업시간' 등 고객을 도외시한 운영 형태와 점차 성숙해지는 소비 동향과는 동떨어진 서툰 마케팅에 있었다.

스즈키는 소규모 점포로 고수익을 창출하는 세븐일레븐에 자사의 과제를 해결할 방안이 있다는 가설을 세웠다.

그리하여 1972년 5월, 이토요카도는 세븐일레븐의 운영사인 텍사스주 댈러스에 있는 사우스랜드The Southland Corporation의 문을 두드렸고 이듬해인 1973년 4월부터 본격적인 협상에 돌입했다. 협상단에는 스즈키와 시미즈 외에 이토추상사伊藤忠商事 측 담당자도 합류했는데 그중에는 도요타 자동차Toyota Motor Corporation와 미국 제너럴 모터스General Motors Company의 제휴에도 관여했던 J.W 차이J.W.Chai도 있었다.

하지만 협상은 순조롭지 않았다. 시작부터 양국 사이에서는 'NO'라는 대답만 난무했다. 안 그래도 협상단은 이미

세븐앤드아이홀딩스가 운영하는 이토연수센터의 전시관. 미국식 편의점 운영법에서 탈피하게 된 경위를 설명하고 있다.

1. 편의점의 새벽, 세븐일레븐 1호점의 탄생

제 식구인 이토요카도 내부로부터도 여러 반대에 부딪히고 있었다. '미국에서 세븐일레븐이 점포를 늘린 건 일본 같은 상점가가 없기 때문이다.' '대형마트 시대에 소형 상점으로는 못 이긴다' '아침 7시나 밤 11시처럼 너무 이르거나 늦은 시간대에는 손님이 없다' 등등.

무엇보다 사우스랜드가 내세우는 조건이 까다로웠다. 합작 사업 진행, 오픈 지역은 동일본으로 한정, 매출의 8퍼센트를 권리사용료로 지급, 8년 동안 총 2,000개 점포 오

까다로운 조건 협상을 거쳐 세븐일레븐의 일본 진출이 정해졌다(왼쪽에서 두 번째가 스즈키 이사).

폰 등 그들이 들이민 조건은 한두 개가 아니었다.

스즈키는 그때마다 'NO'라는 대답으로 일관했고 협상은 난항을 거듭했다. 보통 양측 주장의 간극이 너무 크면 그 협상은 결렬이다. 하지만 예기치 못한 곳에서 물꼬가 트였다. 바로 이토요카도의 사장 이토 마사토시의 태도였다. 스즈키는 사전 회의 때 이토 사장이 세븐일레븐 도입에 70퍼센트쯤 반대한다는 걸 눈치챘다. 그렇다면 어차피 밑져야 본전이 아닌가. 스즈키는 협상에서 강하게 밀어붙이기로 마음먹었고, 그런 그의 두둑한 배짱이 통했는지 세븐일레븐은 무사히 일본을 향한 첫발을 내딛게 됐다.

가족의 생계를 건 모험

1973년 여름, 협상이 타결되자 같은 해 8월 28일 자 《니혼게이자이신문 日本経済新聞》 1면에는 〈이토요카도, 미국 최대 편의점 기업과 제휴〉라는 기사가 실렸다. 이 소식에 흥분한 사람 중 하나가 다름 아닌 세븐일레븐 1호점의 점주 야마모토였다. 아버지의 갑작스러운 죽음으로 그는 메이지대학을 휴학하고 1969년부터 가업인 주류 판매점을 이어받아 운영하고 있었다. 그러나 얼마 안 가 가게 운영에 한계를 느꼈다. 그도 그럴 것이 지역민의 주문과 배달이 중심이었던 야마모토의 가게는 매출의 8할이 외상이었던 데다, 제조사의 가격 지배력이 워낙 막강해 매출 상승이나 성장을 기대할 수 없었기 때문이다.

이에 새로운 소매업을 찾아 공부하던 중 야마모토는 '중소·영세 기업의 근대화와 미국 편의점의 실정'이라는 세미나를 듣게 됐고, 이 작은 주점을 살리는 길은 편의점뿐이라고 생각하던 차에 그 기사를 읽게 된 것이다.

'아직 중고생밖에 안 된 남동생과 여동생을 돌보려면 세븐일레븐이 답이야.'

야마모토는 마음을 굳히고 이토요카도에 프랜차이즈 가맹계약을 맺고 싶다는 편지를 보냈다. "제 가게는 미국 표준 점포의 절반도 안 되는 면적인데 프랜차이즈를 내기엔 무리일까요? 편의점의 발전 가능성에 미래를 걸어보고 싶습니다." 받는 사람도 잘 몰라서 편지 겉봉에는 '이토요카도 본사 세븐일레븐 담당자 앞'이라고 썼다.

원래 이토요카도는 사우스랜드의 의사를 고려해 직영점으로 시작할 예정이었다. 우선 편의점 경영노하우를 직영점에서 배우고 일본에 적용할 수 있는 부분과 그렇지 않

야마모토는 주류 판매점 운영에 한계를 느끼고 일찌감치 미국 편의점에 주목했다.

은 부분을 판별한 뒤, FC로 넘어가자는 판단에서였다. 이에 야마모토에게도 "FC 가맹은 1년쯤 후에 정해지면 연락드리겠습니다"라고 답변했다.

하지만 스즈키의 생각은 달랐다. 물론 시범 운영으로는 직영점이 무난하지만, 그러면 다들 이도요카도가 대형 슈퍼의 출점 규제망을 빠져나가기 위해 소형 점포를 시작한다고 생각할 게 뻔했다. 결국 스즈키의 주장대로 세븐일레븐 재팬은 FC 방식으로 사업을 추진하기로 했다.

그러는 사이 야마모토의 신변에도 큰 변화가 찾아왔다.

이토요카도의 담당자한테 재차 연락이 와서는 "미혼이네요. 아무래도 점주는 기혼자한테 맡기는 게 믿을만한데…. 사귀는 사람 있으세요? 괜찮으면 저희 매장에 여직원이 많은데 소개 좀 해 드릴까요?"라는 제안을 해 온 것이다. 요즘 같으면 여론의 뭇매를 맞겠지만 당시에는 사회적 통념상 그리 이상한 제안이 아니었다.

야마모토는 제안을 액면 그대로 받아들이고는 결혼 상대를 찾겠다며 친구에게 도움을 청했다. 다행히 소꿉친구로 지냈던 한 여성이 그를 좋게 봐줬고, 둘의 관계는 순조롭게 발전했다. 마침내 여자친구한테 결혼 약속을 받아내자, 야마모토는 곧바로 본부에 연락을 넣었다.

얼마 후, 사우스랜드의 담당자가 일본을 방문해 야마모토를 찾아왔다. 당시 담당자의 질문은 실로 날카로웠다. "본인 가게에서 파는 음식이나 술안주를 집에서 먹은 적이 있습니까? 먹는다면 비용 처리는 어떻게 합니까?" 이에 야마모토가 "저는 제 가게에서 사 먹습니다"라고 대답하자, 사우스랜드 담당자는 아주 긍정적인 반응을 보였다. 당시 공사 구분이 명확한지 확인하려는 그의 질문에 야마모토는 깊은 인상을 받았다.

1974년 1월에는 스즈키와 시미즈 일행이 야마모토를

찾아와 향후 편의점의 운영 방향과 방침을 말해주었고, 마침내 FC 가맹점 승인이 떨어졌다. 그리고 그 자리에서 오픈은 같은 해 5월이라는 말도 들었다.

"꽤 이르다 싶었는데, 언론에도 5월에 오픈한다고 발표가 났더라고요."(야마모토) 야마모토는 곧바로 점포 정리 세일에 들어갔고 서둘러 내부 공사도 시작했다.

그러자 현지의 주류 판매점 조합이 야마모토의 결정에 반대하고 나섰다. 당시 상식으로는 자영업자를 차례차례 폐업으로 몰고 가는 듯 보였던 대형마트가 왜 영세업자와

1호점을 꾸려 온 야마모토 부부와 창업 당시의 외관을 재현한 세븐일레븐.

1. 편의점의 새벽, 세븐일레븐 1호점의 탄생

손을 잡으려는지 이해가 안 갔을 것이다. 그러나 야마모토는 일찌감치 편의점이라는 비즈니스 모델이 지닌 장래성에 눈을 떴고 상식보다는 미래에 베팅하기로 했을 뿐이다.

편의점은 그간 일본의 소비생활을 송두리째 바꿨다. 그러나 초기 미국 사우스랜드의 경영 지침은 일본의 비즈니스 실정과 맞지 않았다. 기본적인 상표 디자인이나 매장 콘셉트, 회계 시스템을 제외한 운영 방식은 일본에 맞춰 독자적으로 수정해야 했다. 만일 미국 측 말만 듣고 그대로 시작했다면, 편의점이 이렇게까지 일본 사회에 뿌리내리지는 못했을 것이다. 야마모토도 오픈 전 연수에서 사우스랜드의 방침이 자국 실정과 다를 때마다 몇 번이고 질문을 던져서 물 건너온 트레이너를 답답하게 했다고 한다.

많은 외국계 유통 기업이 일본의 실정을 깊이 이해하지 못한 채 진출했다가 실패한다. 그나마 일본에서 편의점이라는 혁신 모델이 꽃을 피울 수 있었던 건, 신념과 통찰력을 바탕으로 교섭 상대의 주장이나 세간의 소문에 휘둘리지 않는 '반발심'이 있었던 덕이다. 이후 세븐일레븐의 탄생으로 일본은 일상의 소비 패턴뿐 아니라 기업의 경영 상식도 큰 변화를 맞는다.

2. 삼각김밥, 편의점 간판 상품의 탄생

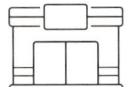

세븐일레븐은 1974년 도쿄 도요스에 문을 연 1호점을 시작으로, 현재는 점포 수 2만 개가 넘는 거대 브랜드로 성장했다. 창업 당시에는 파격적이었던 고작 150제곱미터짜리 작은 가게가 일본인의 식생활과 생활 습관은 물론 산업계까지 바꿔 놨다.

세븐일레븐이 성공을 거둔 가장 큰 이유는 경쟁자보다 한발 앞서 성숙해지는 소비 동향을 포착하고 구매자 중심의 경영 방식을 구축한 것이다. 미국의 경영학자 필립 코틀러Philip Kotler가 정의한 마케팅 모델을 보면 이해가 쉽다. 코틀러는 마케팅 모델을 시간순으로 네 단계로 구분했다.

우선 마케팅 1.0 시대(1900~1960년대)는 대중 소비사회의 급격히 성장에 힘입어 '싸게 팔아 이익을 극대화하는 시기'로 정의된다. 요컨대 만들면 팔리던 시대여서 제조사나 소매업자 등 판매자가 시장을 주도했다.

그러던 것이 마케팅 2.0에 해당하는 1970~1980년대로 접어들자, 기업 간 경쟁이 치열해지면서 품목이나 브랜드 등의 영향력이 커졌다. 더는 판매자의 입맛에 따라 제품을 팔 수 없게 되다 보니, 시장은 필연적으로 '구매자 중심'으로 전환될 수밖에 없었다. 세븐일레븐은 바로 이 마케팅 2.0 시대의 산물로, '편의성'이라는 새로운 무기를 들고 시장을 개척한 소매업체다. 여기서 편의성이란 아침부터 늦은 밤까지 운영하는 데서 오는 편리함은 물론 당시만 해도 집에서 해 먹던 식사류를 밖에서 사 올 수도 있게 해주는 상품 혁명도 포함한다.

애매했던 점포 콘셉트

편의점은 점포당 3,500개의 품목을 갖추고 있지만, 그중에서도 '주먹밥'은 단연 획기적인 아이템이었다. 주먹밥의 역사는 길다. 일반 사단법인 주먹밥 협회에 따르면, 일본에 벼가 전해진 시기는 조몬시대 중기인 기원전 6000년경이며, 기원전 3000~2800년경에 이르러서는 일본 열도 중 가장 남쪽 섬인 규슈부터 홋카이도에 근접한 도호쿠 지역까지 벼농사가 확대됐다고 한다. 주먹밥을 먹기 시작한 건 대략 1세기부터로 추정되는데 실제로 1987년 이시카와현 나카노토마치에서는 찹쌀을 쪄서 뭉친 주먹밥 모양의 화석이 발견되기도 했다.

지금도 종합 관광 안내소에 가면 가장 오래된 주먹밥 화석의 복제품을 볼 수 있을 만큼 나카노토마치는 '주먹밥 마을'로 유명하다. 이후 주먹밥은 헤이안시대(794년~1185년) 때 병사들의 비상식량으로 활용됐고, 에도시대(1603년~1868년)에는 김에 싼 주먹밥이 등장하기도 했다. 이후 메

도쿄 도요스에 문을 연 세븐일레븐 1호점.

이지 시대(1868년~1912년)로 접어들자, 기차역에서 파는 도시락에는 물론 학교 급식에도 등장하더니 전후부터는 아예 일상 음식으로 자리 잡았다.

세븐일레븐 재팬은 바로 이 주먹밥에 주목했다. 사실 오픈한 지 얼마 안 됐을 무렵, 세븐일레븐은 편의점에 어떤 상품을 진열할지 품목조차 정하지 못하고 있었다.

이미 1호점은 문을 연 상태였지만 정해진 거라고는 '편의성을 제공하면서 일단 사면 30분 이내에 쓰는 것, 당장은 아니지만 필요해지면 언제든 가서 살 수 있는 것'이라는 정의뿐이었다. 그렇다면 구체적으로 무엇을 진열해야 할까? 미국에서는 남성 이용객이 60퍼센트, 여성이 40퍼센트라는 데이터가 있었지만, 일본에는 소비자에 관한 데이터가 거의 없었기에 어떤 손님이 올지도 가늠이 되지 않았다. 그저 이토요카도에서 잘 나가는 제품이나 젊은 층이 살법한 제품 등 대략적인 윤곽만 잡혀 있었다.

미국 매장에는 없었지만, 일본의 세븐일레븐은 처음에 고기와 생선, 채소를 가리키는 3대 신선식품 외에 간식용 빵이나 식빵, 우유, 조미료, 과자, 샴푸, 치약 등을 갖춘 완벽한 미니 슈퍼마켓 같은 콘셉트로 시작했다. 한때는 팝콘이나 솜사탕도 팔며 노점 같은 분위기도 풍겼다.

창업 초기가 다 그렇듯, 요즘으로 치면 사내 벤처처럼 다양한 시도를 했던 것이다. 참고로 미국 세븐일레븐에서는 신선식품은 팔지 않는다. 고작해야 과일 정도고, 고기는 훈제 제품이나 햄이 주류다. 생선은 없다. 반면에 일본은 날음식을 찾는 수요가 미국보다 많은 만큼, 3대 신선식품은 필수라는 것이 당시의 결론이었다.

그러나 채소는 매입량도 적었고 가격도 싸지 않은 데다 싱싱해 보이지 않는다는 반응이 많았다. 생선도 폐기량이 많아 매입량은 갈수록 줄어들었다.

이때의 경험으로 세븐일레븐은 명확한 콘셉트의 중요성을 깨달았다. 편의성을 팔겠다면 조리가 필요한 신선식품보다 조리가 필요 없는 식품을 팔아야 한다는 결론을 냈다. 이를테면 신선식품인 생선이나 채소보다는 약간의 수고만 더하면 되는 회나 샐러드가 편의점에는 제격이었다.

위기 속에서 발견한 보물

시행착오를 거듭하며 1호점을 오픈한 지 4년째 되던 1978년. 대형 사고가 터졌다. 빵이나 즉석밥을 납품하던 식품 제조사가 식중독 문제를 일으킨 것이다. 세븐일레븐에 납품하는 상품은 아니었지만, 이 식중독 사태는 주먹밥이 편의점에 본격적으로 등판하는 계기로 작용해 세븐일레븐 재팬의 경영을 근본적으로 바꿔놓기 시작했다.

1978년 6월 어느 아침, 세븐일레븐의 간부가 벌게진 얼굴로 도쿄도 고다이라시에 있는 식품 제조사 니치요 산업日洋産業(이후 와라베야니치요 홀딩스Warabeya Nichiyo HLDGS.로 상호 변경)을 찾았다. 300여 점포까지 몸집을 키운 편의점의 영업이 중단될 위기에 처하자, 식중독을 일으킨 제조사를 대신해 빵류와 더불어 니치요 산업이 운영하는 즉석밥 제조사인 와라베야 본점わらべ屋 本店의 제품을 오늘부터 세븐일레븐에 납품해 달라고 부탁하기 위해서였다.

니치요 산업은 손이 모자란다며 일단 거절했다. 그러나 세븐일레븐 담당자는 "맡아주실 때까지 돌아가지 않겠다"라며 사장실 앞에 눌러앉아 버렸다. 난감해진 니치요 산업의 담당자는 해외 출장 중이던 사장 오토모 다로大友太郎에게 상황을 전하고 지시를 구했다. 오토모는 예전부터 세븐일레븐의 성장력에 주목했던 인물로 영업 제안을 한 적도 있었다. 그는 국제전화로 "맡아보자"라고 대답했고 그날부로 거래가 시작됐다.

세븐일레븐과의 거래는 여태까지와는 차원이 달랐다. 일례로 제빵업체는 주문에서 납품까지 원스톱으로 끝나지만, 세븐일레븐은 각 프랜차이즈 가맹점과 직영점에 따로따로 납품해야 하는 탓에, 처리해야 할 전표 양부터가 장난이 아니었다. 게다가 기존 고객도 상대해야 해서 인력도 재료도 부족했다. 고로케 빵 대신 함박스테이크 빵을 납품하거나 거래처에 지원을 부탁하는 등 좌충우돌의 연속이었다. 그래도 한 달쯤 지나니 안정을 찾기 시작했다.

세븐일레븐의 50년사를 되돌아보면, 이런 위기가 최강의 소매업으로 가는 전환점이 됐다. 일례로 부족한 식자재를 메꾸려다 보니 다양한 상품이 개발됐고, 번잡한 사무 작업의 효율을 높이기 위해 컴퓨터 시스템을 도입하게 됐다. 당시의 세븐일레븐 담당자는 "식중독 사태가 터졌을 때, 매장에 다른 업체의 상품을 공급하지 못했다면 이후 당사의 발전은 없었을 것"이라며 지난날을 회고했다.

이 일을 계기로 세븐일레븐은 와라베아니치요와 손잡고 다수의 혁신 상품을 만들었다. 그중 대표적인 것이 주먹밥이다. 원래 와라베야니치요는 거리에 작은 가게를 열고 주먹밥 등을 팔았는데, 당시만 해도 밥은 집에서 지어 먹는 것이라는 고정관념이 뿌리 깊던 시절이라 가게를 찾는 사람은 드물었다고 한다. 그럼에도 세븐일레븐이 주먹밥 판매에 나선 것은 미국식 즉석식품의 판매가 신통치 않다는 속사정도 한몫했다.

이제 주먹밥은 세븐일레븐에서만 연간 21억 개가 팔리며 전체 매출의 5퍼센트를 차지하고 있다. 편의점 업계 전체로 보면 판매량이 30억 개가 넘는 거대 시장으로 성장한 것이다. 과연 주먹밥은 어떤 식으로 진화했을까? 바로 여기에 세븐일레븐이 경영의 기틀을 다진 비밀이 숨어있다.

세븐일레븐은 '주먹밥'과 함께 성장했다

- 집에서 만든 주먹밥을 재현한 '주먹밥 혁명'
- 도쿄 도요스에 1호점 오픈
- 원재료 영문 표기 시작
- 최고급 품질을 내건 '황금 주먹밥' 출시
- 유서 깊은 쌀 가공·유통 업체의 감수를 받은 신상품

점포 수

10억 개 돌파
15억 개 돌파
20억 개 돌파

(만 개)
2.0
1.5
1.0
0.5
0

판매 개수

1974 82 90 96 2000 03 10 14 18 20 23

참고: 주먹밥 판매 개수는 세븐일레븐 재팬의 자료를 바탕으로 작성.

다양해지는 사회의 첨병

세븐일레븐에서 즉석밥이나 빵 등을 팔기 시작했던 1978년은 일본뿐 아니라 세계 각국에서 경제적·사회적 불안정성이 커지던 시기였다. 이를 상징하기라도 하듯 일본에서는 미국의 경제학자 존 케네스 갤브레이스John Kenneth Galbraith의 저서 《불확실성의 시대The Age of Uncertainty》가 베스트셀러에 오르기도 했다. '큰 것이 좋은 것이다'라며 획일적 성장을 지향하던 시대가 마침표를 찍고, 화려함으로 무장한 여성 듀오 핑크 레이디Pink Lady가 선풍적인 인

식탁의 변화를 포착해 온 세븐일레븐

외식 비율

외식이나 도시락 구매가 가정의 전체 식대에서 차지하는 비율. 요리와 식사를 외부에서 해결하는 비율의 변화를 보여준다.

참고: 농림수산성의 자료 등을 바탕으로 작성, 코로나19 팬데믹 기간에는 30퍼센트 수준으로 감소.

기를 끄는가 하면, 마이크로컴퓨터*나 스케이트보드가 유행하기도 했다.

여성의 자립이 주목받기 시작한 것도 이 시기였다. 영화 〈독신녀 에리카An Unmarried Woman〉(1978)가 깜짝 흥행했고, 천직을 의미하는 '라이프워크'라는 말도 유행하기 시작했다. 소매업계에서는 다이에가 후지급제를 도입하거나 노브랜드 상품을 출시하며 대형 소매점의 대표주자로 성장하더니 2년 뒤에는 연 매출 1조 엔을 돌파했다. 한편 사회가 다양해지면서 편의점이 공룡시대 때의 포유류처럼 두각을 보이기 시작한 것도 이쯤이었다. 특히 1인 가구가 늘어나던 1970년대 후반, 주먹밥은 그야말로 사회의 다양성을 이끌던 첨병이었다.

이에 세븐일레븐에서 선보인 것이 김으로 감싼 삼각 주먹밥이었다. 당시에는 상품 분류에 '쌀'은 있어도 '밥'은 없었다. 애당초 가정식 주먹밥이나 도시락을 판매하려는 소매점 자체가 거의 없던 시기였다.

하지만 스즈키의 생각은 달랐다. 그는 시간이 없어 지하철에서 빵이나 도시락을 사 먹는 회사원을 보며 달라지

---

* 1960~1980년대에 소형 컴퓨터를 지칭하는 단어이나, 실물 크기는 오늘날의 데스크톱 컴퓨터와 비슷하다.

는 식문화를 간파했다. 외식이나 시판용 반찬 같은 간편식의 비중이 높아지면서 식생활에 '외부화' 바람이 불고 있던 것이다.

참고로 당시 세븐일레븐 매장은 채소나 과일, 식빵, 디저트 빵, 탄산음료 및 주스, 가공식품, 조미료, 과자류를 중심으로 솜사탕이나 팝콘까지 파는 '미니 이토요카도' 같은 콘셉트였다. 즉석식품으로는 멕시코 이민자가 미국에 전파했다는 부리토(밀가루 반죽으로 속 재료를 감싼 음식)가 간판 상품이었다.

부리토, 참치를 넣은 주먹밥 등이 초창기 편의점의 간판 상품이었다.

신개념 주먹밥을 내놓다

그렇다면 어떤 주먹밥이 좋을까? 세븐일레븐은 손수 가정에서 만든 듯한 주먹밥을 기본으로 하면서도 기왕이면 새로운 콘셉트를 선보이고 싶었다. 그래서 고안한 것이 바삭한 김으로 밥을 감싸서 먹는 주먹밥이었다. 이에 필름지로 김과 밥을 분리해서 김의 바삭함을 유지하는 포장 기법을 개발해 집에서 먹는 주먹밥과는 다른 독특한 식감을 선보였다.

스즈키는 이렇게 말했다.

"주먹밥이나 도시락은 일본인이라면 누구나 먹는 메뉴라 더더욱 잠재적 수요가 큽니다. 좋은 재료로 정말 맛있으면서도 집에서 먹는 주먹밥과 차별화된 제품을 선보인다면 분명 성공합니다."

이어서 이런 말도 덧붙였다.

"어묵도, 반조리 국수도, 절임류도 모두 이 같은 생각에서 탄생했습니다. 다들 매장에 비치된 상품에만 주목하는데, 새로운 수요는 매장 안이 아니라 밖에 있습니다."

즉, 세븐일레븐 식품류의 경쟁자는 집에서 엄마나 아빠가 만드는 집밥인 것이다. 실제로 맞벌이 가구가 늘면서 편의점은 간편식의 시대를 여는 데 선도적인 역할을 담당한다.

이후로도 주먹밥은 계속 진화했다. 보통 세븐일레븐에서 가장 잘 팔리는 주먹밥이 뭐냐고 물으면 연어나 매실, 다시마 주먹밥이라고 답하는 사람이 많다. 그러나 오랜 시간 최고의 자리에 군림한 주먹밥은 1983년에 출시된 '참치 마요네즈'다. 젊은 소비자를 겨냥해 입안에서 부드럽게 녹아드는 마요네즈로 속 재료를 만든 덕인지 새로운 간판 상품으로 등극했다.

새로운 수요를 일으킨 붉은 주먹밥

참치마요와 함께 새롭게 시장을 일군 또 하나의 주먹밥이 있다. 바로 1996년에 출시된 '세키한赤飯® 주먹밥'이다. 개발에 참여한 와라베야니치요 담당자에 따르면, 즉석밥 중에서도 세키한은 판매가 저조한 품목이었다. 스즈키 도시후미는 시제품 단계서부터 의문이 들었다. 아무리 생각해도 세키한 본래의 맛이 아니었던 탓이다. 담당자에게 제

- 팥을 넣어 지은 찰밥으로, 밥에 팥물이 들어 색이 붉다.

조법을 물으니, 쌀밥처럼 끓이는 방식으로 밥을 짓는단다. 그러나 세키한은 자고로 쪄서 만들어야 제맛이 난다. 결국 스즈키는 제조법을 바꾸라고 지시했다.

당시만 해도 세븐일레븐 전용 공장에는 음식을 찌는 설비가 없었다. 그러나 그건 스즈키에게 통할 리 만무한 변명이었고, 그는 주저 없이 투자가 동반되는 제조법으로 바꾸라고 지시했다. 그 후에도 스즈키의 말 한마디에 판매를 중단하거나 제조법이 바뀌는 일은 수도 없이 많았다. 돌이켜 보면, 그의 압도적인 카리스마가 맛을 지키는 저지선이었던 것은 분명하다.

와라베야니치요 담당자는 세키한과 관련한 추억 하나가 더 있다고 했다. 당시 스즈키는 그에게 도쿄 간다에 맛있는 세키한 가게가 있다는 정보를 알려줬다. 맛의 비결이 궁금했던 담당자는 곧바로 시찰에 나섰고, 실물을 사서 요리조리 분석했음에도 도저히 같은 맛이 나지 않더란다.

급기야 주먹밥 설비 제조사의 담당자까지 불러 가게 밖에서 어떤 기계를 쓰는지 엿보게 했고, 설비 담당자는 프로답게 장치 구조를 파악해 자체적으로 기계를 개발하는 데 성공했다. 여기에 찹쌀 품종이며 찌는 법까지 달리해 맛있는 세키한을 완성했지만, 어쩐 일인지 매출은 늘지 않

하나씩 성형된 밥 위에 참깨를 뿌리면 세키한 주먹밥이 완성된다.

았다. 상사는 "요즘 세상에 누가 세키한을 먹어. 이게 팔리면 내가 장을 지진다"라는 말까지 했다.

'한 손으로 들고 먹을 수 있는 주먹밥은 어떨까?'

애초에 세키한 주먹밥은 화과자점에서나 팔지 식품점에서는 별로 취급하지 않았다. 어떻게 해야 팔릴까? 주먹밥 매대는 김으로 감싼 검은색 삼각김밥 일색이었기에, 팥의 붉은색을 강조하는 패키지에 모양을 둥글게 빚어 매대에 올려놨다. 그러자 손님들 눈에도 확 띄었는지 제품은 순식간에 동이 났다. 그 상사가 정말 장을 지졌는지는 확실치 않지만, 세븐일레븐은 역발상으로 맛과 디자인이라는 두 마리 토끼를 잡는 데 보란 듯이 성공했다.

팀 머천다이징 기법으로 차별화

주먹밥 개발 과정에서 보듯, 세븐일레븐은 마치 자동차 제조사처럼 거래처와 협업해 자체 상품을 개발하고 생산까지 하고 있다. 이런 방식을 '팀 머천다이징Team Merchandising, Team MD'이라고 한다. 창업 초기에는 세븐일레븐 재팬도 다이에나 이토요카도처럼 도매상에서 상품을 들여와 판매하는 방식이 주류였지만, 점차 상품 개발을 주도하는 쪽으로 방향을 잡으면서 슈퍼마켓과는 차별화된 노선을 걸었다. 이후, 팀 머천다이징 기법은 유니클로UNIQLO나 니토리 홀딩스Nitori Holdings 같은 SPA* 형태로 진화하며 유통업계의 판도를 크게 바꿔놓았다. 그리고 그 출발점에 세븐일레븐이 있었다.

팀 머천다이징 기법의 모체가 되는 것이 세븐일레븐의 거래처로 구성된 일본 델리카 푸드 협동조합Nippon Delica Foods, NDF이다. NDF는 와라베야니치요의 창업자 오토모 다로를 주축으로 각 제조사에 가입을 촉구해 1979년에 출범한 단체다. 지금은 62개 사가 등록한 세븐일레븐의 심장부

- 상품 기획에서 제조, 유통까지 한 회사가 직접 관리하는 브랜드.

높은 매출을 자랑하는 도시락과 반찬류는 세븐일레븐의 자체 협동조합이 지원한다

일본 델리카 푸드 협동조합(NDF)
(프라임 델리카 등 62개 사 등록)

 이런 메뉴가 팔리기 시작했어!

1인 가구나 고령자한테 맞게 맛과 양을 바꿨어!

 장식도 먹음직스럽게, 용기도 친환경으로!

위생 관리나 전용 조리 기구는 우리한테 맡겨줘!

세븐일레븐과 더불어 원료 제조사, 전문 요리사,
협력사별 개발 및 상품관리 담당자, 공장 등이 지혜를 모은다.

 제조 공장　　　　　　　**172 곳**
 온도대별 공동배송센터　**164 곳**

 일본 전역의 2만 1,500여 매장으로 유통

2. 삼각김밥, 편의점 간판 상품의 탄생

로 불리는 핵심 조직이지만, 처음에는 제조사의 전반적인 위생 관리 수준을 높이는 것이 주목적이었다.

당시만 해도 가족끼리 경영하는 소규모 제조사가 많았고, 와라베야니치요처럼 연구소까지 두고 위생 관리를 하는 곳은 드물었기 때문이다. 자칫 영세 업체가 만든 상품에 문제라도 생기면 세븐일레븐이나 다른 제조사의 손실로도 이어질 수 있었다. 이에 와라베야가 적극적으로 전국의 제조사를 찾아다니며 위생 및 품질 관리법을 아낌없이 제공하기 시작한 것이다.

현재 NDF는 다양한 상품의 개발까지 도맡고 있다. 주먹밥의 경우, 각지의 마케팅 머천다이징Marketing Merchandising, MM 회의체가 그 역할을 담당한다. 도쿄에서는 와라베야니치요, 후지푸드Fuji Foods, 즉석식품 회사인 오무사시노武蔵野(사이타마현 아사카시) 등 여러 회사가 주먹밥 개발에 참여하고 있다. 이렇게 개발에서 제조, 입점으로 이어지는 일련의 과정에 협력사가 보조를 맞추게 되면서 세븐일레븐은 높은 경쟁력을 갖추게 됐고, 지금도 다른 경쟁사를 압도하고 있다.

3. 촘촘하게 엮인 세븐일레븐의 '푸드' 경제권

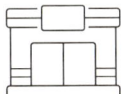

세븐일레븐 재팬의 강점 중 하나는 주먹밥, 도시락, 빵 등 일상적으로 먹는 식품을 원료 매입 단계서부터 관여해 품질과 비용을 철저히 관리한다는 것이다. 소매업체면서도 가상의 제조사처럼 쌀, 김, 우메보시梅干し*, 밀가루, 메밀가루, 우동용 밀가루 등의 식자재를 관리하며, 그야말로 편의점 식문화를 만들어 내는 데 일조했다.

매출의 60퍼센트가 세븐일레븐인 회사

와카야마현 미나베초는 일본 제일의 매실 산지로 여러 생산 농가와 가공업자가 모여있다. 특히 이곳에서 나는 '난코우메南高梅'라는 품종이 유명한데, 과육과 껍질이 두툼

* 일본식 매실 절임.

한 최상급 매실로 평가받는다. 메이지 시절, 미나베초 촌장의 장남이었던 다카다 사다쿠즈高田貞楠라는 인물이 본인 밭에 매화나무 60그루를 심었는데, 여기서 발견된 우량종을 모수母樹 삼아 대를 이어 개량을 거듭한 끝에 탄생시킨 품종이 이 난코우메라고 한다. 이제는 하나의 브랜드로 자리 잡으며 일본 전역에 이름을 알리고 있다.

현지의 우메보시 제조사 중에는 '난키우메보시南紀梅干'가 유명하다. 미나베초의 1,000여 곳이 넘는 농가 중 기노시타 농원木下農園 등 약 300여 농가에서 매실을 들여와 편의점부터 백화점에 이르기까지 다양한 거래처에 우메보시를 만들어 납품하고 있다. 참고로 난키우메보시 본사의 법인 차량 번호는 '7-11'. 주거래처인 세븐일레븐 재팬을 향한 애정이 물씬 느껴진다.

두 회사는 얼마나 깊은 관계일까? 세븐일레븐의 주먹밥 인기 순위에서 상위를 차지하는 우메보시 주먹밥. 여기에 들어가는 우메보시 대부분을 난키우메보시가 공급한다. 그뿐만 아니라 이토요카도 등 세븐앤드아이홀딩스 산하의 각종 소매업체에도 우메보시를 납품한다. 자사 매출의 약 60퍼센트가 세븐일레븐 그룹에서 나온다고 하니 그저 놀라울 따름이다.

깐깐함이 안겨주는 성장 기회

난키우메보시와 세븐일레븐의 인연은 1985년으로 거슬러 올라간다. 지금의 난키우메보시의 사장 호소카와 유키히로細川行広는 세븐일레븐 담당자가 우메보시 상품 조사차 자사를 방문했을 때 기회가 왔다고 생각했다. 그 무렵 세븐일레븐은 점포 수가 3,000개도 채 되지 않았고 그나마 관서 지역에는 한 곳도 없었지만, 호소카와는 그들의 체계적인 공급 시스템을 보며 장래성을 느꼈다.

'물류를 제압하는 자가 시장을 지배한다고 했어. 이 원칙을 실천하는 세븐일레븐은 앞으로 더 성장할 거야. 언젠가 관서 지역에도 점포를 낼 게 틀림없어.'

이에 호소카와는 자사의 우메보시를 세븐일레븐 주먹밥용으로 납품하기 위해 발 벗고 나섰다. 직접 자사의 우메보시를 넣은 주먹밥을 만들어 도쿄에 있는 세븐일레븐 본사를 돌아다니기도 했다.

문제는 세븐일레븐의 엄격한 원재료 조달 기준이었다. 세븐일레븐 품질관리 담당자가 거래처 공장에 언제든 출입할 수 있어야 하는 등 까다로운 조건이 많았다. 심지어 바이어가 좋은 원재료를 찾았다고 자신해도, 세븐일레븐

사내에서 진행하는 품질관리의 벽에 부딪혀 납품이 거절되는 경우도 드물지 않았다.

다행히 난키우메보시는 그 품질관리 기준을 충족해 1990년대부터 주먹밥용 우메보시를 납품하기 시작했다. 그러나 이후에도 혹독한 시련이 기다리고 있었다. 원래 주먹밥에는 잘게 다진 우메보시가 쓰였는데, 식감이 아쉽다며 세븐일레븐 측에서 씨를 빼달라고 한 것이다. 당시만 해도 씨 없는 우메보시 주먹밥은 당연히 없었고, 씨를 제거하는 설비도 없었다. 결국 수작업으로 하나하나 제거해 납품해야 했다.

그 후로도 사각사각한 식감의 우메보시 등 세븐일레븐에서 획기적인 조리법을 요구할 때마다 난키우메보시는 고심에 고심을 거듭해 시제품을 만들었다. 호소카와는 참신한 상품 개발뿐 아니라 "고객의 입맛에 거슬리지 않을 때까지 개선을 거듭하는 것이 세븐일레븐의 방식"이라며 지금도 품질 강화에 여념이 없다.

호소카와는 또 이렇게 말했다.

"업무적으로 맺고 끊는 게 명확하고 적당히 넘기는 게 없습니다. 하지만 기준만 충족하면 약속은 반드시 지켜줍니다."

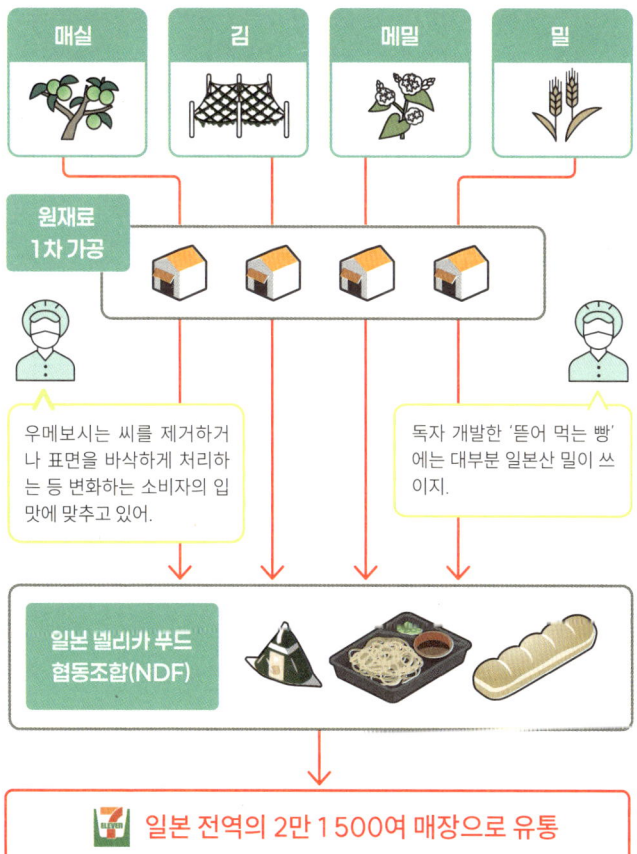

3. 촘촘하게 엮인 세븐일레븐의 '푸드' 경제권

난키우메보시는 매실의 수확부터 선정, 가공 등 공정별로 세심한 작업을 거듭한다.

이어서 이런 말도 덧붙였다.

"세븐일레븐의 엄격한 기준 덕에 누구에게도 뒤지지 않는 경쟁력을 기를 수 있었습니다. 어려운 문제를 해결하면 할수록 기회는 늘어납니다."

참고로 난키우메보시가 위치한 미나베초에는 세븐일레븐이 없다. 어찌 보면 서로 '멀고 불편한' 존재지만, 오랜 세월 다져온 양사의 관계는 실로 끈끈했다.

속 재료뿐만 아니라 주먹밥 자체도 해마다 진화하고 있다. 세븐일레븐 재팬은 2023년에 교토의 유서 깊은 쌀 도매상에 뿌리를 둔 쌀 가공 및 유통 업체 하치다이메기헤八代目儀兵衛(교토시)에서 감수한 쌀로 만든 주먹밥을 선보였다. 하치다이메기헤에는 세븐일레븐이 매입한 70여 종의 쌀 중에서 주먹밥에 적합한 배합 비율을 고안하고, 쌀의 감칠맛이 날아가지 않도록 저온에서 정미하는 방법을 제공하고 있다. 최고경영자인 하시모토 기헤橋本儀兵衛는 "배합이 5퍼센트만 변해도 맛이 달라진다. 전국 어느 공장에서든 똑같은 맛이 나도록 신경 썼다"라고 말했다.

3개월 만에 받은 납품 의뢰

세븐일레븐은 우선 최신 소비자 요구를 파악해 상품 콘셉트를 정하고 그에 맞춰 원재료 등을 선별해 매입한다. 때로는 잘 알려지지 않은 원재료를 찾아내 자사 제품에 쓰기도 한다.

일례로 시가현 오미하치만시에서 밀 등을 재배하는 이카리팜Ikari Farm이 대표적이다. 일본에서 유통되는 밀의 대부분은 수입산인데, 이카리팜은 학교 급식용 빵을 시가현에서 나는 밀로 만들고 싶다는 현지 제빵 회사의 말을 듣고 밀 재배에 나섰다.

사실 밀 재배는 간단하지 않다. 그중에서도 제빵에 쓰

이는 강력분은 안정된 품질을 얻기가 매우 어렵다. 그럼에도 이카리팜의 이카리 아쓰시井狩篤士 대표는 '유메치카라ゆめちから'나 '미나미노카오리ミナミノカオリ' 같은 일본산 밀 품종으로 시행착오를 거듭해 개량에 성공했다.

이 과정을 이카리 대표가 몇 년 전에 간사이의 한 대학에서 직접 강연한 적이 있는데, 우연히도 세븐일레븐에 반찬을 납품하는 제조사 사장 딸이 이 강연을 듣고 집으로 돌아가 들은 내용을 아버지에게 전달했다.

딸의 말에 귀가 솔깃해진 반찬 제조사 사장은 곧장 이카리팜을 찾았고, 그곳의 뛰어난 기술력에 놀라 세븐일레븐 담당자에게 "이카리와 거래하지 않는 건 손해다"라고

독자적인 품질개량을 시도한 아카리팜 이카리 아쓰시 대표.

조언했다. 세븐일레븐도 즉시 이카리팜이 제분한 밀가루를 살펴보니 과연 그의 말에 동의하지 않을 수 없었다.

"3개월 뒤에 세븐일레븐에서 납품 제안 연락이 왔어요."(이카리 대표)

이렇게 해서 이카리팜의 밀가루는 2022년 세븐일레븐의 코페빵* 2종의 원재료로 채택됐다. 2024년부터는 인기 상품인 '뜯어 먹는 빵'에 이카리팜이 재배하고 쇼와 산업昭和産業이 제분한 '오미콘지키近江金色'라는 밀가루가 쓰이고 있다. 최근 지역별 식자재 수급에 한층 주력하고 있는 세븐일레븐은 관서 지역의 2,000여 곳이 넘는 매장에 '이카리 밀'로 만든 상품을 유통 중이다.

그러나 세븐일레븐은 한 번 거래가 성공했다고 해서 지속적인 납품을 보장해 주는 곳이 아니다. 지금도 이카리 대표는 세븐일레븐의 동향이나 반응을 주시하면서 품질 개선을 거듭하고 있다.

점포 전체 매출이 5조 엔이 넘고 식품에서만 4조 엔 가까운 매출을 올리는 세븐일레븐. 그 경쟁력은 변화하는 소비자의 요구를 집요하게 포착해 원재료 단계서부터 까다롭게 발굴하고 세심하게 검사하는 깐깐함에 뿌리를 두고

* 한 손에 들 수 있는 길고 납작한 모양의 빵으로 핫도그 번과 비슷하다.

있다. 가깝고 편리한 편의점 경제권은 이렇듯 많은 이들이 몸이 '가루'가 되도록 움직여 일구어낸 노동의 결실인 것이다.

세븐일레븐 납품용 김의 수확 및 가공 프로세스.

4. PB 상품으로 고객 확장에 나서다

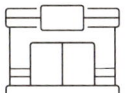

세븐일레븐 재팬은 언제부터 편의점 사업의 성장을 확신하게 됐을까? 지금은 점포 수가 2만 개가 넘지만, 불과 100호점을 달성했을 때가 성장에 전념하게 된 전환점이었다고 한다.

1976년 6월, 호텔 뉴 오타니에서 열린 세븐일레븐 100호점 오픈 기념식에 미국 세븐일레븐 운영사인 사우스랜드의 회장도 일본을 찾아와 이렇게 축하했다.

"미국에서 100호점을 오픈하는 데 25년이 걸렸다. 그걸 일본은 단 2년 만에 해냈다."

편의점 도입의 선봉에 섰던 당시 스즈키 도시후미 전무는 연단에 서자 감격에 겨워 눈물을 글썽였다.

세상에 없던 것을 만들어 내는 고통이란 헤아릴 수 없다. 힘겨웠던 사우스랜드와의 협상, 인생을 건 프랜차이즈 가맹점 점주들, 사업 실패의 공포, 점포 하나를 내기 위해 이를 악물고 동분서주했던 동료들…. 온갖 생각이 뇌리를 스쳤을 것이다.

세븐일레븐의 가파른 성장

세븐일레븐은 1974년에 도쿄 도요스에 1호점을 낸 뒤 주류 판매점을 중심으로 가맹점을 모집했지만, 망설이는 점주가 많았다. 다른 소매점과 구별되는 뚜렷한 특징도 아직 없던 때라 거래처들도 믿지 못하는 눈치였다. 그래도 세븐일레븐은 대형 점포와 공존하면서 편의성을 찾는 소비자의 요구에 맞출 수 있는 건 편의점이라는 가설을 증명하고자, 집념을 불태우며 점주나 거래처 할 것 없이 동지를 모았다.

세븐일레븐 재팬이 설립된 지 2년 6개월, 1호점을 연 지 2년 만에 달성한 100호점 오픈은 그들의 가설이 옳았음을 증명하는 데 필요한 최소한의 수치였다.

이후 4년 반 만에 1,000호점을 열었을 때, 스즈키의 눈은 눈물이 아니라 확신에 차 있었다. 세븐일레븐의 오리지널 상품을 만드는 와라베야니치요를 필두로 한 세븐일레븐 전용 공장은 물론, 전국에 깔린 물류 및 정보 시스템, 이를 바탕으로 품목별로 판매·발주·매입·재고 등을 관리하는 단품 관리 시스템을 구축한 세븐일레븐은 본격적인 성장 궤도에 오르기 시작했다. 그 결과 1993년에는 점포 수 5,000개, 2003년에는 1만 개의 고지를 돌파했다.

업계에 불어닥친 위기

그러나 2000년대에 접어들면서 편의점 업계는 '마의 10년'이라 불리는 침체기에 빠졌다. 일본 프랜차이즈 체인 협회에 따르면 2000~2007년까지 기존 점포의 연간 매출액은 8년 연속 전년 실적을 밑돌았다. 2008년에는 담배 자판기에 성인 식별 카드 타스포taspo가 도입된 여파로 흡연 고객이 편의점으로 몰리면서 기존 점포의 매출이 일시적으로 회복하기도 했으나 2009년, 2010년에는 다시 감소세로 돌아섰다.

당시 신문 기사를 보면 〈편의점 성장 둔화〉 〈점포망 확대 속도 둔해져〉 등 편의점을 백화점 같은 성숙기에 접어든 산업처럼 다루고 있었다. 세븐일레븐 재팬의 회장으로 취임한 스즈키는 2003년에 간행된 자사 연혁집에 이런 격문을 띄웠다. "매너리즘에 대한 위기의식이 아직 부족하다" "가장 우려스러운 건 창립 당시 구성원끼리 공유했던 위기감이 희박해지고 있다는 것이다." 사내 간행물 인터뷰로서는 이례적인 내용이었다.

2006년 《니혼게이자이신문》에는 "성장 신화는 끝난 것인가?"라며 스즈키에게 묻는 기사가 실리기도 했다. 스즈키는 이렇게 대답했다.

"한창 먹을 나이인 청년층은 줄고 식사량이 적은 고령

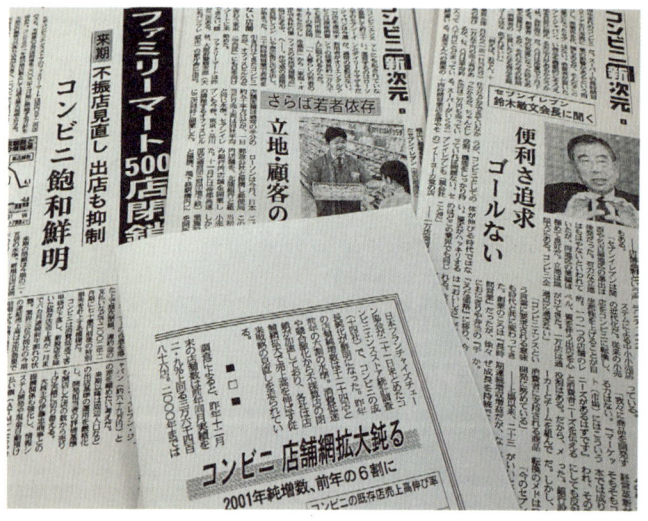

2001~2003년, 편의점의 성장 둔화를 지적하는 《니혼게이자이신문》.

자는 늘어나다 보니, 음식을 파는 기업이면 슈퍼마켓이든 패밀리 레스토랑이든 매출이 떨어지고 있다."

확실히 세븐일레븐의 고객층은 바뀌고 있었다. 1980년대까지만 해도 10~20대의 비중이 60퍼센트를 넘었고 50세 이상은 10퍼센트 정도였다. 그랬던 것이 2000년대에 접어들면서 10~20대가 반 이하로 줄고, 40대 이상이 늘어났다. 참고로 2022년에는 50대 이상이 전체 고객의 36퍼센트를 차지하며 10~20대를 크게 웃돌았다.

스즈키는 이러한 인구동태의 변화를 감지하고 있었다.

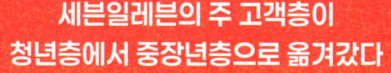

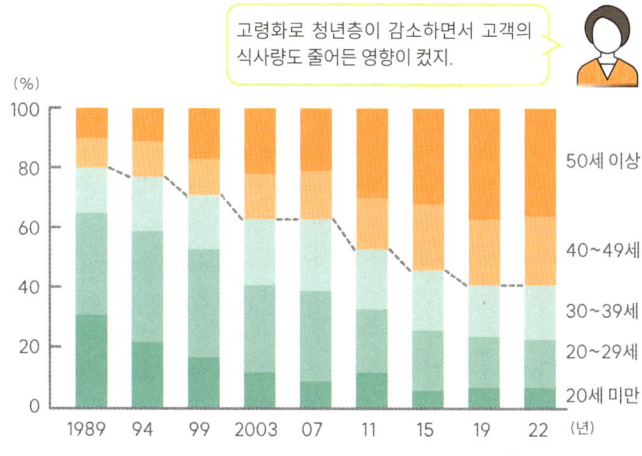

4. PB 상품으로 고객 확장에 나서다

'과도기에 접어든 건 맞지만 상품이나 서비스를 바꾸면 아직 성장할 수 있어' '진짜 경영 실력은 이제부터 판가름 나는 거야.' 이렇게 판단한 그는 과거의 성공에 얽매이는 대신 '변화 대응'이라는 키워드를 내걸고 혁신에 나섰다. 그 상징이 2007년에 출시한 자체상표Private Brand, PB, '세븐프리미엄SEVEN PREMIUM'이다.

맨땅에서 시작한 PB 개발

유통사가 직접 상품을 기획하고 개발하는 PB. 세븐일레븐의 PB 개발은 맨땅에서부터 시작됐다. 디스플레이션이 한창 진행 중이던 당시 세븐앤드아이홀딩스는 전사적으로 저가격 전략을 추진하고 있었다. 그룹 산하의 슈퍼마켓 브랜드 요쿠베니마루York-Benimaru의 당시 사장이었던 오타카 젠코大高善興도 "가격 경쟁이 치열하다. 우리도 PB를 개발해야 한다"라고 말하며 저가격 노선을 제안했다. 하지만 그룹을 이끄는 스즈키의 생각은 달랐다. 어디까지나 질을 우선하고 싸게 팔지는 않겠다는 개발 조건을 내세웠다.

그때까지 세븐일레븐의 오리지널 상품은 주먹밥, 면류

같은 데일리 상품을 중심으로 중소형 반찬 제조사를 주 가맹사로 하는 일본 델리카 푸드 협동조합NDF이 담당해 왔다. 그러나 이번에는 세븐일레븐을 포함해 전국의 그룹사 매장에서 판매할 PB를 개발하는 프로젝트인 만큼, NDF만으로는 역부족이었다.

이에 대기업 식품 제조사에도 개발 제안을 했지만, 당시에는 소극적인 기업이 많았다. 대기업은 장기간 구축해 온 자사의 내셔널 브랜드National Brand, NB에 주력하느라 편

PB '세븐프리미엄'을 발표하는 세븐앤드아이 그룹의 경영진(왼쪽에서 두 번째가 오타카 사장, 2007년 5월).

4. PB 상품으로 고객 확장에 나서다

의점 중심의 PB에 별 장래성을 느끼지 못했기 때문이다.

"솔직히 별로 내키지 않는다."

육가공 대기업 닛폰햄NH Foods의 사내 분위기도 마찬가지였다. 세븐일레븐에서 피자 토스트의 PB 개발 의뢰를 받았을 때, 닛폰햄은 품질을 앞세워 높은 가격을 제안했다. 확실히 동종 타사보다 비싼 가격이라 입찰에서 이길 승산은 전혀 없었다. 하지만 세븐일레븐은 닛폰햄을 선택했다.

"싼 가격이 아니라 좋은 제품의 가치를 전하는 PB를 만들겠다는 건가? 그럼, 제대로 해야지." 그리하여 닛폰햄은 본래 의도대로 피자 토스트를 개발했고 보란 듯이 성공했다. 디플레이션 속에서도 품질을 우선한 세븐일레븐 PB의 성공은 소매업계의 판도에도 적잖은 영향을 줬다. 세븐일레븐 PB가 등장한 이후, 소매업계는 저가를 선호하는 소비자 입맛에 맞출 것인지, 아니면 품질을 내세울 것인지 중요한 갈림길에 서게 됐다.

식탁의 주역급 메뉴도 PB로

이 무렵 소매업계에서는 '2강 체제'라는 말이 퍼지고

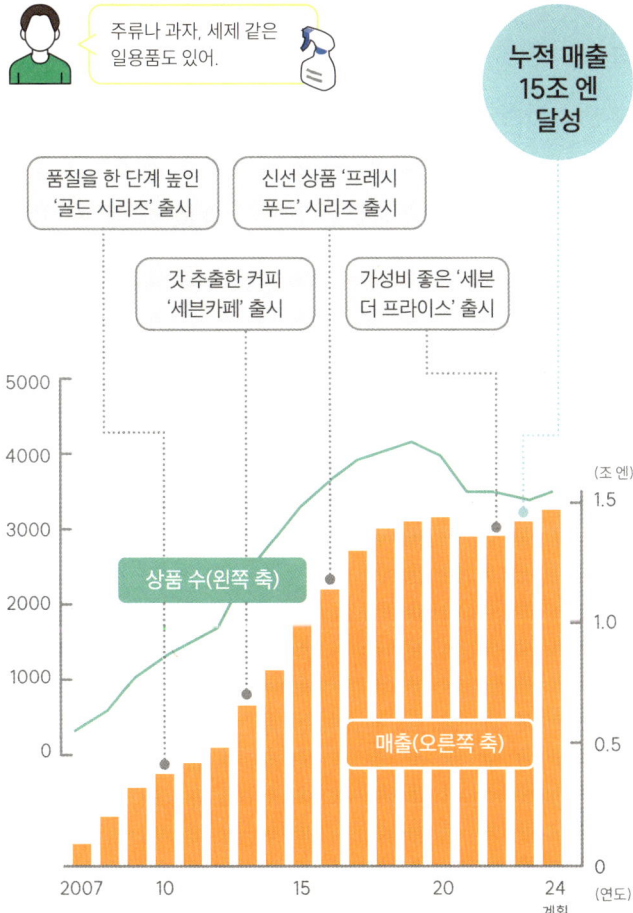

있었다. 이는 다이에와 마이칼Mycal*, 기타 지역 슈퍼마켓을 인수·합병M&A 하는 방식으로 몸집을 불리며 규모의 경제로 패권을 장악하던 대형 유통 업체 이온AEON과, 소고·세이부Sogo & Seibu 백화점을 인수해 종합 유통 기업으로 거듭나려는 세븐일레븐을 가리키는 말이었다. 그러나 정작 양사의 행보는 대조적이었고, 이는 PB에서도 드러났다. 이온이 저렴한 가격을 앞세운 데 반해, 세븐일레븐은 2010년 품질력을 한층 높인 '세븐프리미엄 골드' 시리즈를 출시하며 비프카레, 비프스튜, 돼지고기 조림, 은대구구이 등 식탁에서 주역급으로 활약하는 메뉴를 PB로 선보였다.

한편 골드 시리즈에서 함박스테이크 개발을 맡은 닛폰햄은 또다시 당황하고 말았다. '보통 함박스테이크는 도시락이나 어린이 점심용으로 팔렸던 제품인데, 프리미엄 시장이 존재할까?' 오랜 기간 통용됐던 업계의 상식이 그들을 망설이게 한 것이다.

그러나 스즈키의 요구는 한결같았다.

"질 좋은 함박스테이크가 필요하다."

---

* 1936년에 설립된 종합 슈퍼(GMS) 중심의 소매 유통사로, 2001년에 도산해 이온 그룹에 흡수됐다.

긴가민가하며 출시한 '황금 함박스테이크'는 보란 듯이 성공했고, 닛폰햄도 세븐일레븐이 맛있는 함박스테이크로 새로운 저녁 메뉴 수요를 만들어 냈다는 걸 인정할 수밖에 없었다. 하지만 그걸로 끝이 아니었다.

"맛있는 것일수록 금세 질린다."

스즈키가 늘 강조하던 이 말은 지금도 주요 제조사 사이에서 금언으로 통한다. 닛폰햄은 거의 해마다 리뉴얼 제품을 선보였는데, 2024년 7월에 출시된 14번째 버전에는 무

식탁의 주역급 메뉴를 선보인 세븐프리미엄 골드 시리즈.

려 프랑스의 보르도산 포도주로 만든 소스가 들어간다.

편의점이 '마의 10년'이라 불리는 저성장의 늪에 빠졌던 2000년대는 한창 자라나는 청년층을 중심으로 만든 기존 경영 모델이 한계에 다다름과 동시에 새로운 소비 형태가 태동하는 시기였다고도 할 수 있다. 패러다임의 전환을

닛폰햄은 '황금 함박스테이크'의 리뉴얼에 매진해 왔다

초대 (2010년 9월)
육즙 가득한 소고기와 돼지고기에 수제 데미그라스 소스

8대 (2018년 5월)
검은 송로버섯 사용

14대 (2024년 7월)
직화구이로 숯불 향 가미

5대 (2015년 3월)
프랑스식 육수를 사용한 데미그라스 소스

12대 (2022년 5월)
감칠맛 가득한 소고기

상징하듯, 세븐일레븐 재팬의 캐치프레이즈도 달라졌다. 늦은 밤이나 급할 때 요긴하다는 이미지를 떠올리게 하는 "열려 있어서 다행이야"에서 일상 속 편의성을 더 중시하는 "가깝고 편리해"로.

'식품계의 인텔'을 발굴하다

세븐일레븐이 주축이 되어 개발한 그룹 공통 PB '세븐 프리미엄'은 이런 변화의 흐름에 맞춘 제품 구색으로 편의점 재도약의 기폭제가 됐다. 특히 닛폰햄이나 아지노모토Ajinomoto, 닛신식품日淸食品 등 PB에 별 흥미가 없던 대형 식품 제조사의 참여를 끌어낸 것은 물론, PB는 저렴하다는 이미지를 바꿔 새로운 '편의점 경제권'을 키우는 데 일조했다. 동시에 그간 드러나지 않았던 유능한 기업이 기술력을 재평가받고 새롭게 성장하도록 발판을 제공하기도 했다.

대표적인 기업이 아리아케재팬ARIAKE JAPAN이다. 음식의 밑 국물이나 소스의 베이스가 되는 부용bouillon, 콩소메consommé 같은 프랑스식 육수처럼 맛의 기본이 되는 조

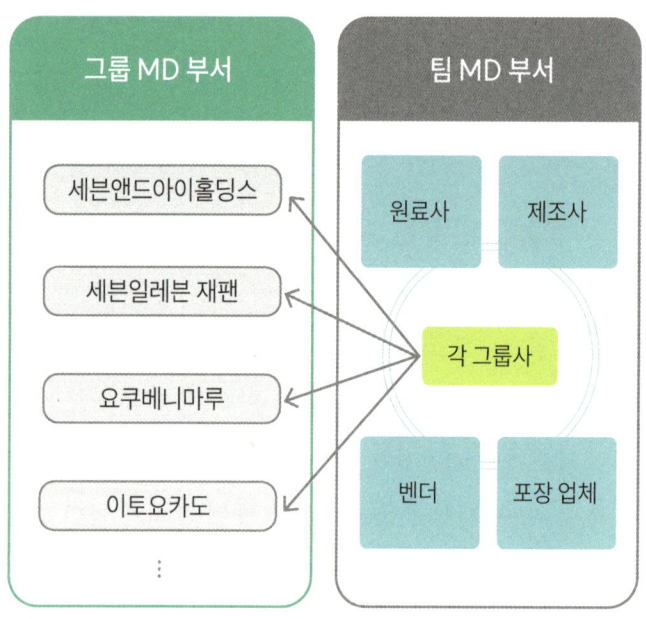

MD는 상품 정책과 상품화 계획을 의미하는 머천다이징의 약자야.

거래처의 지식과 기술을 모아 신상품 등을 기획해. 벤더는 세븐일레븐 전용 공장을 보유한 기업이야.

미료를 만드는 제조사다. 주로 식품업체나 외식 기업에 납품하는데, '식품계의 인텔'이라는 별명이 붙었을 만큼 기술력이 뛰어나다.

하루는 세븐일레븐 담당자가 아리아케 공장에서 건더기가 들어간 수프의 충전 라인을 견학하고는 뛰어난 생산 기술에 반해 '서일본용 세븐프리미엄 고기조림'을 만들어줄 수 있는지 타진했다.

아리아케는 시제품 제작에 착수했고 완성된 상품은 좋은 평가를 받았다. 그러나 일본식 밑 국물에 간장과 설탕만으로 맛을 낸 고기조림으로는 자사의 강점이 살지 않겠다고 판단한 아리아케는 주문을 거절했다. 그러자 세븐일레븐에서 "어떤 메뉴여야 강점을 살릴 수 있겠냐"라고 되물었고, "비프스튜면 가능하다"라고 답하자 그 자리에서 시제품을 의뢰했다.

프리미엄 제품 개발, 그리고 협상

세븐일레븐이 아리아케와의 거래를 고집한 이유는 무엇일까? 거기에는 그룹을 이끄는 스즈키 도시후미를 비롯한 그룹 경영진들의 PB에 대한 발상의 전환이 자리하고 있었다. 식품 부문의 확립 방안을 놓고 일식과 양식, 중식 전문가와 대화를 거듭하며 다다른 결론은 육수나 밑 국물 등을 이용해 맛의 수준을 높여야 한다는 것이었다. 그리고 육수 맛을 끌어올리기 위해 세븐일레븐이 눈독을 들인 업체가 바로 아리아케였다.

2010년 2월에 열린 세븐 그룹 시식회에서 아리아케는 비프스튜 시제품으로 호평을 얻는 데 성공한다. 곧바로 가격대는 어느 정도를 생각하냐는 질문이 들어왔다. 사실 이 정도 품질이면 호텔이나 전문점에서는 2,000~3,000엔 이

다양한 소스의 맛을 결정짓는 밑 국물 추출 설비는 아리아케의 강점이다.

상, 백화점 식품 판매장에서는 1,000~1,500엔에 팔 수 있었다.

아리아케는 유명 전문점의 절반 이하인 650엔이라고 대답했지만, 아무래도 편의점 중심의 PB치고는 너무 높은 가격이었다. 세븐일레븐 담당자는 "일반 PB보다 가격대가 비싼 세븐프리미엄 골드로 500엔에 맞춰 준다면 해볼 만하다"라는 의견을 전해왔다.

빠듯한 가격이었지만 품질은 유지할 수 있겠다고 판단한 아리아케는 개선 작업을 거듭했고, 세븐 그룹의 최종 임원 시식회에서 아주 좋은 반응을 얻었다. 그런데 당시 세븐일레븐의 사장이었던 이사카 류이치井阪隆一가 뜻밖의 주문을 해왔다.

아리아케재팬의 오카다 사장은 세븐일레븐 PB에 잠재된 커다란 가능성을 꿰뚫어봤다.

4. PB 상품으로 고객 확장에 나서다

"오래 판매할 걸 생각하면 가격은 398엔이 적당하지."

아리아케의 담당자는 아연실색했다. 그 가격이면 예상 이익이 거의 다 날아가는 셈이었다.

1,300미터짜리 기업 광고

과연 398엔짜리 제품에 결재가 날까? 아리아케 담당자는 마음을 다잡고 창업자인 오카다 기네오岡田甲子男(현 고문) 사장을 설득하기 시작했다.

"이번이 아리아케가 다음 단계로 성장할 절호의 기회입니다. 무엇보다 완제품만 내놓으면 아리아케라는 이름을 널리 알릴 수 있습니다. 1만 3,000개의 세븐일레븐 점포에 우리 회사 이름이 박힌 폭 10센티짜리 PB가 진열되는 거니까요. 한마디로 1,300미터 길이의 기업 광고가 상시 내걸리는 셈입니다."

비록 제품당 예상 수익은 떨어지지만, 소스만 납품하는 것보다 매출액은 6~7배가 오를 터였다. 그런 계산이 서자 오카다 사장은 결국 거래를 허락했고, 같은 해 9월부터 '세븐프리미엄 골드 황금 비프스튜'를 출하하기 시작했다.

실은 오카다 사장은 PB 거래를 허락하는 조건으로 "월 5만 개 이상은 팔아라. 그러나 그 이상은 팔지 마라"라고 사내에 엄명을 내렸다. 애당초 공장 생산능력에 한계가 있었기 때문이었다. 그러나 비프스튜를 찾는 수요는 예상을 크게 웃돌며 20만 개까지도 팔렸다.

끊임없는 상품 개선

겹경사나 다름없는 일이었지만 출시 3년 뒤, 아리아케는 예상치 못한 역풍을 맞았다. 2013년 말에 열린 그룹 임

'황금 비프스튜'는 대박 상품으로 성장했다.(아리아케재팬의 생산설비)

원 시식회에서 스즈키 대표가 비프스튜를 먹고 보고는 "고기가 감칠맛이 떨어지고 질기다"라고 지적한 것이다.

정해진 조리법대로 만들었으나, 스즈키가 용납하지 않는 이상 현 상태로 판매를 계속할 수는 없었다. 세븐 그룹은 수천만 엔을 들여 매대에서 상품을 회수하고, 아리아케에 비프스튜를 다시 만들어 달라고 요청했다.

"귀사가 인정하실 때까지 무슨 수를 써서라도 개선하겠습니다." 오카다 사장은 스즈키에게 붓으로 사죄의 편지를 써서 보낸 뒤, 본인도 직접 공장에 들락거리며 개선 작업에 몰두했다. 무엇보다 육질을 개선하는 것이 관건이었다. 끓이기 전에 일부러 고기를 구워 육즙을 가둔다거나, 소스의 맛을 바꿔보는 등 연말연시 휴가도 반납한 채 시제품 제작을 반복했다.

참고로 세븐일레븐의 최종 관문은 스즈키였지만, 아리아케는 그 앞에 놓인 이사카라는 관문도 통과해야 했다. 12월 31일 시제품을 들고 가자, 이사카는 더 맛있게 해달라며 돌려보냈다. 해가 바뀌고 2014년 1월 10일에 열린 시식회에서도 소스가 좀 더 진해야 한다는 지적을 받았다. 그리고 같은 달 28일, 드디어 OK 사인이 났고 3월이 돼서야 재판매에 들어갈 수 있었다.

세븐일레븐과 협력사의 공진화

제품 리뉴얼을 위해 오카다를 비롯한 아리아케 직원들은 비프스튜 맛집을 차례차례 돌며 새로운 맛을 찾아다녔다. 한때는 압박감에 포기할 뻔도 했지만, 덕분에 기술력은 상당히 올라갔다. 그리고 월 5만 개 판매를 예상했던 비프스튜는 가장 많을 때는 100만 개도 넘게 팔릴 만큼 대박 상품이 됐다.

2014년 5월에 열린 세븐 그룹의 협력사 총회에서 아리아케 직원들은 인사라도 하려고 스즈키 자리로 찾아갔다. "인자하게 웃어 주셨지요." 오카다는 그때를 회상하며 말했다. 아리아케는 현재 타 편의점의 PB도 맡으며 연간 약 600억 엔(약 5,635억 원)의 매출을 올리는 기업으로 성장했다.

과거 NHK의 다큐멘터리 프로그램 〈프로젝트 X〉에서 '미일 역전! 편의점을 만든 아마추어들'이라는 제목으로 세븐일레븐을 다룬 적이 있다. 실제로 세븐일레븐의 역사에는 아리아케 같은 협력사의 도전기, 즉 수많은 '미니 프로젝트 X'가 있다.

진화는 역경과 시련, 극복의 반복으로 이루어진다. 그

리고 진화 과정에서 쌓인 황금 비프스튜 같은 '끈끈한' 관계가 세븐일레븐 재팬의 미국 본사 인수라는 대역전극의 밑거름이 돼 준 것은 틀림없다.

5. 세븐카페, 패자부활전이 낳은 80억 잔 판매의 기적

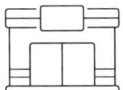

편의점은 새로운 라이프스타일을 만들어 내며 1990년대까지 주먹밥이나 도시락처럼 그동안 집에서 해 먹던 음식을 간편식으로 팔거나, 휴지처럼 무심코 쓰다가 떨어지기 쉬운 일용품을 매장에 비치하는 등 이른바 편의성 제공에 중점을 뒀다.

그러나 업계가 성숙해지면서 주력 상품과 서비스도 달라졌다. 가령 디저트의 경우, 여타의 제과점에서나 볼 법한 케이크를 선보이는가 하면, 그간 자판기에서 뽑아먹던 커피를 원두커피로 제공하는 등 기호품까지도 세심하게 신경을 쓰게 됐다. 고객의 생활 영역 전반을 책임지겠다는 편의점의 야심이 시장을 넓혔다고도 할 수 있겠다.

실패를 거듭한 커피 머신 개발

그 대표주자가 '세븐카페'다. 기호품으로 매일 같이 마시는 커피는 고객의 편의점 방문을 유도하는 효과 덕에 주력 상품으로 삼을만했다. 그러나 겉보기와 달리, 커피 개발은 쉽지 않았다. 상품 개발에 능한 세븐일레븐 재팬도 거듭된 실패를 맛봐야 했을 정도였다.

본격적인 개발은 1975년부터였다. 세븐일레븐은 일단 가정용 커피 머신처럼 보온 기능이 있는 '디캔터 스토브 방식'을 도입했다. 그러나 그러나 커피를 내리자마자 산화가 시작되는 탓에 맛이 떨어졌다.

1998년에는 커피가 한 잔씩 나오는 캡슐 방식을 도입했지만, 갓 내린 맛이 나지 않아 단념해야 했다. 2001년에는 원두를 고압으로 추출하는 에스프레소 방식도 시도했지만, 일본 소비자는 필터를 이용한 드립식을 선호하는 경향이 강해 판매가 늘지 않았다.

포기할 만도 한 상황이었지만, 세븐일레븐의 집념은 강했다. 특히, 2010년대에는 커피 개발이 더욱 절실해졌다. 이유는 담배 때문이었다. 2008년부터 담배 자판기에 성인 식별 카드 타스포가 도입됨에 따라, 담배를 손쉽게 사려는

'세븐카페'는 개선을 거듭해 누적 80억 잔을 판매했다

커피와 함께 커피 머신도 매장에 적합하게 진화했지.

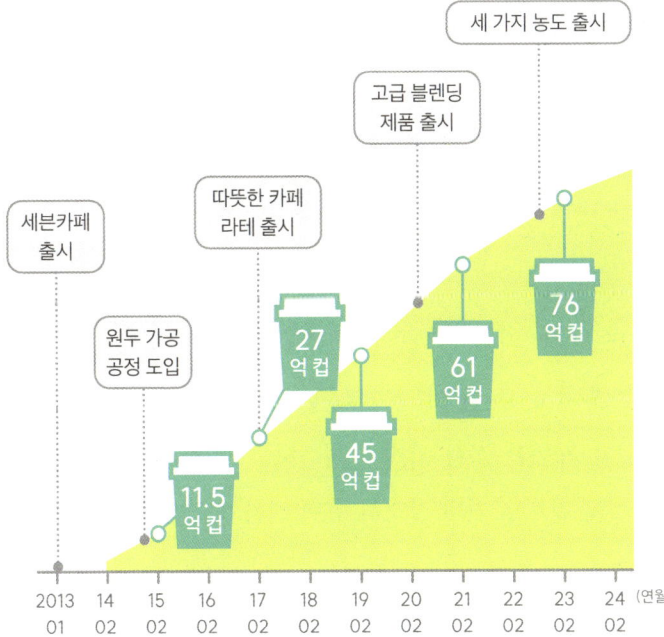

- 세븐카페 출시 — 2013.01
- 원두 가공 공정 도입
- 따뜻한 카페 라테 출시
- 11.5억 컵
- 27억 컵
- 45억 컵
- 고급 블렌딩 제품 출시
- 61억 컵
- 세 가지 농도 출시
- 76억 컵

5. 세븐카페, 패자부활전이 낳은 80억 잔 판매의 기적

고객이 편의점을 찾기 시작하면서 성장세가 주춤했던 편의점 업계는 일시적으로 활기를 되찾았다.

하지만 장기적으로 보면 흡연자는 감소할 터였고, 담배를 대신할 기호품이자 고객을 끌어들일 장치가 필요했던 것이다. 이에 세븐일레븐은 어떻게든 커피 상품을 키우고자 시행착오를 거듭했다. 이때 힌트가 된 것이 '어묵'이었다. 어묵에 빠질 수 없는 '밑 국물'은 일본의 연수軟水*를 사용해야 가장 맛있다. 그래서 커피도 연수를 사용하는 일본 문화에 적합한 추출 방식을 써야 일본인 입맛에 가장 잘 맞는다는 결론에 도달했다.

지더라도 개선을 멈추지 않는다

더불어 커피 머신 개발도 필수였다. 세븐일레븐은 고속도로 휴게소 등에서 볼 수 있는, 드립 방식이면서 매장에 설치가 가능한 소형 기계를 생각하고 있었다. 이에 진열장 설치 건으로 거래 실적이 있던 전자기기 업체 산덴Sand

- 미네랄 등 광물질이 적은 물을 말한다. 일본은 풍토적으로 연수가 풍부해서 연수 맛에 익숙한 사람이 많다.

en에 의뢰하려던 차에 아지노모토 AGF Ajinomoto AGF[•]로부터 원두커피 자판기를 만드는 후지 전기富士電機를 추천받았고, 결국 경쟁 입찰을 실시하게 됐다.

처음에 후지 전기는 "편의점에서 원두커피가 잘 팔릴까? 거기다 알아서 뽑아먹어야 하는데"라며 회의적이었다. 세븐일레븐에서 온 담당자 3명은 한 잔씩 뽑아 먹는 방식의 계산대 옆에 둘 수 있는 크기의 기계를 원했다. 그에 맞춰 시제품도 만들었고 맛도 합격이었지만, 세븐일레븐은 거래실적이 있는 산덴으로 발주처를 정했다.

보통은 여기서 시합 종료다. 하지만 후지 전기는 최대 자판기 제조사라는 자존심 때문에라도 포기할 수 없었다. 더 맛있게 추출할 수 있다며 다시 아지노모토 AGF에 도움을 청해 재도전을 감행했다. 물을 내리는 방식이나 뜸 들이는 시간 등 여러 공정을 개선한 끝에 드디어 '직접 내려 먹는 듯한 맛'을 내는 커피 머신을 완성했다. 후지 전기는 AGF에 소속된 커피 감정사에게 맛 평가를 받은 후, 다시 세븐일레븐의 문을 두드렸다.

사실 세븐일레븐 담당자 중에도 커피에 정통한 인물이 있었다. 그는 후지 전기의 커피를 시음해 보더니 "직접 내

• 아지노모토와 미국 제너럴 푸드의 합작회사로, 식음료 제품을 제조 및 판매하고 있다.

후지 전기가 개발한
초대 세븐카페용 머신

린 맛에 가깝다"라며 놀라움을 감추지 못했다. 결국 그의 호평이 결정타로 작용해 후지 전기는 세븐일레븐의 선택을 받으며 역전극을 쓰는 데 성공했다.

사용자 중심 개발에 눈뜨다

그러나 손님들의 초기 반응은 뜨뜻미지근했다. 선행적으로 도쿄 외곽에 있는 매장 스무 군데에 커피 머신을 도입했지만, 인지도가 낮은 탓에 하루에 20잔밖에 팔리지 않았다. 그래서 훗카이도에서는 1,000여 곳의 매장에 기계를 들여놨더니 하루 평균 50잔이 나갔다. 지역 전체가 일관적으로 판촉 행사를 한 것이 효과가 있었다고 한다.

이후 규슈의 매장에도 기계를 들였고, 마침내 2013년부터는 '세븐카페'라는 이름으로 전국 매장에서 원두커피를 제공하기 시작했다. 당시에도 세븐일레븐의 점포 수는 약 1만 5,000곳에 달했다. 머신 제조사도 정신없이 돌아갔지만, 각 점포에서도 사용법이나 관리법을 익혀야 했다. 이에 후지 전기도 일반 자판기와 달리 아르바이트생도 쉽게 다룰 수 있는 기계를 목표로 설계를 진행했다.

그러나 처음 써 보는 만큼 문제는 끝이 없었다. '원두

고객이 알아서 조작할 수 있고 종업원도 관리하기 쉽도록 설계했다.

토출구가 막힌다' '찌꺼기 버리는 법을 모르겠다' 등등. 후지 전기는 매장에서 들어오는 문의나 의견을 하나씩 수집해 개선에 활용했다. 참 번거로운 일이었지만, 후에 이 경험이 후지 전기의 비즈니스를 한층 발전시킨 것만은 분명한 사실이었다.

후지 전기 사보에서 한 고객사 담당자는 이렇게 말했다. "업계의 방식이나 상식 등은 통하지 않았습니다. 그 덕에 사용자 관점에서 제품 설계를 고민할 수 있었습니다."

세븐일레븐이 편의점계의 거목인 이유

사용자 관점. 세븐일레븐의 창시자이자 세븐앤드아이 홀딩스의 명예 고문 스즈키 도시후미가 좋아하는 말이다. 흔히 '고객을 위한다'라고 하는데, 판매자나 제작자의 관점에 따라 고객을 위하는 방법은 달라질 수 있다. 가령 텔레비전 리모컨처럼 고객한테 좋을 줄 알고 너무 많은 기능 버튼을 추가했다가는 역으로 사용성이 떨어진다.

고객의 입장이란 어디까지나 사용자의 관점에서 상품과 서비스를 고안하는 것을 말한다. 세븐카페의 셀프 방식은 언뜻 귀찮아 보일지 모르지만, 실은 심리적 부담이 적다. 어쨌든 계산대에서 순서를 기다리는 뒷사람을 신경 쓰지 않아도 되기 때문이다.

덧붙여 커피 머신의 디자인을 둘러싼 에피소드도 재밌다. 당시 세븐일레븐 재팬의 아트디렉터를 맡고 있던 사토 가시와佐藤可士和는 후지 전기가 제안한 초기 디자인에 난색을 보이며 다시 해 오라고 했다. 그는 주방기기처럼 청결함이 느껴지고 단순한 콘셉트를 생각하고 있었다.

후지 전기의 디자인 담당자는 사토 디렉터가 자판기 같지 않은 디자인을 원한다고 생각하고 컵을 놓는 자리가 앞으로 돌출되도록 디자인을 입체적인 형태로 수정했다. 그제야 사토 디렉터도 자기 뜻을 잘 이해했다며 승인해 주었다. 멋진 기계로 내려 먹는 커피는 더 맛있게 느껴지는 법이다.

덕분에 출시 10년이 넘도록 후지 전기는 세븐카페에 커피 머신을 납품하고 있다. 그뿐만 아니라 이제는 매장 내 진열장이나 거스름돈 계산기, 스무디 머신 등 사업 영역을 더 넓히고 있다. 그리고 무엇보다 소비자와의 접점이 늘면서 기업의 브랜드 인지도도 높아졌다. 이러한 상생 관계가 세븐일레븐을 편의점계의 '거목'으로 만들고 있다.

최신 버전의 커피 머신은 농도를 취향에 맞게 고를 수 있다.

'카레 빵'으로 리벤지를 꿈꾸다

1990년대 이후, 일본에서 자주 들리는 말 중 하나가 '리벤지'가 아닐까? 앙갚음이나 복수라는 뉘앙스 때문인지 리벤지는 K-1 같은 격투기 시합에서 많이 쓰였다. 참고로 맨 처음 썼던 시기는 30년 전이라고 한다.

이후 프로 야구팀 세이부 라이온즈의 투수 마쓰자카 다이스케松坂大輔가 1999년 라이벌과의 에이스 매치에서 리벤지를 선언하면서 이 단어는 그해의 유행어로 선정되기도 했다. 인기 드라마 〈한자와 나오키半沢直樹〉의 주인공이 입버릇처럼 달고 다니던 "당하면 두 배로 갚아 주겠다"라는 대사도 유명하다. 알다시피 일본 경제는 전후 세계적으로 승승장구하다 1990년대에 들어 침체기에 접어들었다. '리벤지'는 경기 침체의 중압감을 떨쳐내려는 잠재의식이 표출된 것인지도 모른다.

한편 일본 소매업체 중에서 리벤지형 마케팅에 집념을 보이는 곳은 단연 세븐일레븐 재팬이다. 훼미리마트나 로손과의 경쟁에서 밀렸던 디저트류나 매장 내 조리된 음식은 시간을 들여 따라잡는 데 성공했고 부가가치도 높여왔다. 그간 빛을 보지 못했던 계산대에서 제공하는 커피도 시작한 지 약 40년이 지난 2013년, 드디어 '세븐카페'라는 이름으로 성공을 맛봤다. 그야말로 칠(세븐)전팔기가 아닐 수 없다.

그런 세븐일레븐이 2024년 가을을 앞두고 리벤지에 나선 품목은 과거 고전을 면치 못했던 도넛이었다. 2014년 세븐일레븐은 당시의 성공 패턴에 맞춰 도넛을 계산대 옆에 두고 팔면서 세븐카페를 이을 미끼상품으로 삼고자 했다. 갓 구운 빵을 표방하며 공장에서 제조한 지 3시간 이내의 빵만 매장에 진열하는 등 품질에도 신경을 썼다.

세븐일레븐이 도넛 판매에 뛰어든 건 하루 세 끼라는

식사 패턴이 깨지면서 간편식에 대한 수요가 높아졌기 때문이다. 올드패션 도넛, 링 도넛, 두유 도넛 등 다양한 메뉴를 개발하고, 당시 전국에 깔린 1만 7,000여 점포를 이용해 판촉에 나선다면 시장은 충분히 만들어질 터였다. 실제로 그런 신화를 쓴 적도 있었다. 그러나 결과는 대실패였다.

세븐일레븐 상품 본부는 고객이 좋아할 만한 맛을 구현하지 못했다고 분석했다. 이에 2016년 식감을 대대적으로 바꾼 제품을 선보였지만, 역시나 별 반응을 얻지 못한 채 2017년 사업을 접어야 했다. 미스터 도넛이 아닌 '미스한' 도넛이었다.

세븐일레븐 매장에 다시 도넛이 등장한 것은 10년이 지난 2024년 7월이었다. 2022년에 출시한 카레 빵을 모티브로 새롭게 만든 도넛이었다.

일단 공장에서 루나 반죽을 만들어 카레 빵을 제조한 뒤 얼린다. 이를 매장에 있는 조리기로 튀겨서 제공했더니 소비자 반응이 아주 좋았다. 참고로 세븐일레븐의 카레 빵은 2023년 누적 판매 개수가 7,698만 7,667개로, '가장 많이 팔린 갓 튀긴 카레 빵 브랜드'로 기네스북에 오르기도 했다. 때마침 제5차 도넛 붐이라는 유행기를 맞아 세븐일레븐은 '카레 빵 스타일'로 레시피를 재구성해 리벤지에 나선 것이다.

사이타마현의 편의점 점주들과 스터디까지 열며 출시한 도넛은 SNS에서도 화제를 모으더니 하루에 두 자릿수가 넘게 팔리는 매장이 속출했다. 이 기세에 힘입어 2024년 9월부터는 판매 지역을 차례로 넓히고 있다.

세븐일레븐을 다년간 이끌어 온 스즈키 도시후미 명예 고문은 편의점 포화론이 고개를 들 때마다 "가로막혔을 때는 방법을 바꾸면 된다"라고 말한다. 무엇이든 끈덕지게 물고 늘어지는 세븐일레븐. 도넛과는 달리 그들의 리벤지 전략에 구멍은 없어 보인다. 이번에는 과연 근사한 성공을 거둘 수 있을까?

6.
세븐의 물류 혁명, 일본의 소비 패턴을 바꾸다

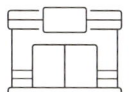

백화점이나 슈퍼마켓, 전문점 같은 체인형 소매업태 중 마지막 주자가 편의점이다. 그래서인지 편의점은 다양한 신상품이나 시스템의 시험대가 되고는 했는데, 그 대표적인 사례가 세븐일레븐 재팬이 만든 '고빈도 소량 배송 시스템'이다. 이 물류 혁신을 빼놓고 소매업과 소비자가 주도하는 새로운 경제 모델의 탄생을 논할 수는 없을 것이다.

판매자 중심에서 소비자 중심으로

편의점이 출범한 1970년대는 경제가 제조사 중심으로 돌아가던 시절이라 일단 만들면 팔렸다.

자연스레 유통업계도 제조사의 제품을 유리한 가격에 팔아주며 그들과 종적 관계를 맺고 있었다. 거기다 도매상이 특정 제조사의 제품만 취급하는 '특약점 제도'라는 것도 있었는데, 당시에는 수요가 공급을 웃돌던 때라 나름 효율적인 물류 시스템이었다.

> **특약점 제도**
> 제조사가 특정 도매상과 계약을 맺고 상품의 판로나 판매가 책정에 영향을 미치는 제도를 말한다. 도매상으로서는 신상품을 입수하고 취급하는 양에 따라 제조사로부터 판매 촉진금이나 장려금을 받을 수 있다는 이점이 있다. 식품이나 주류, 의약품 쪽에서 주로 활용되던 제도다.

세븐일레븐의 탄생은 이렇게 판매자 중심으로 돌던 경제 구조의 붕괴를 상징했다. 고도성장기가 막을 내리면서 점차 공급이 수요를 웃돌기 시작했고, 소비자의 취향도 다양해짐과 동시에 소용량을 선호하는 경향이 뚜렷해졌다.

그러나 1974년 막 첫발을 뗀 세븐일레븐 재팬의 준비는 아직 미흡했다. 도쿄도 고토구에 1호점을 오픈하고 가장 먼저 부딪친 장애물은 바로 상품을 점포로 배송하는 일이었다. 창업 초기에는 되도록 많은 상품을 납품하려다 보니 점포 한 곳에 들어가는 배송 차량만 하루에 70여 대나

세븐일레븐의 정보 및 물류 혁신은 소비 혁명을 일으켰다

1974년 1호점 오픈, 소량 배송 시스템 모색.
> 매장 창고에 넘쳐나던 재고가 사라졌어.

1976년 도매상의 집약화, 데일리 상품 공동 배송 실시.

1978년 전화로 하던 발주를 컴퓨터로.

1980년 개별 배송이었던 우유의 공동 배송 실시.
> 고객의 선택지가 늘면서 매출이 늘어났어.

1982년
- 냉동 제품의 공동 배송
- POS 시스템 도입.

2005년 채소류 저온 물류 실시.
> 아삭아삭한 양배추 샌드위치를 만들 수 있어.

2019년~ 점포에 납품하는 횟수 감소, 선도 관리로 유통기한 연장도 추진

2022년 편의점에서 집이나 회사로 20분 이내에 배달하는 '7NOW' 개시.

2023년 AI 발주 시스템 전국으로 확대.
> 매장 스태프의 부담이 줄었지.

6. 세븐의 물류 혁명, 일본의 소비 패턴을 바꾸다

됐다고 한다. 지금 들어도 놀라운 이야기다.

게다가 도매상 발주는 대량으로 하는 것이 관행이었다. 가령 통조림은 회당 발주 로트(단위)가 슈퍼마켓 기준 48개로, 이 정도 분량이면 편의점 창고는 금세 차고 넘친다. 이에 세븐일레븐은 각 도매상을 돌며 편의점 규모에 맞게 소량 배송을 해달라고 부탁해야 했다.

시대의 첨단인가, 역행인가

세븐일레븐의 연혁집을 보면 당시 대형 과자 도매상이던 다카야마高山(도쿄 다이토)의 사장과 전무 인터뷰가 실려있는데, 흥미롭게도 이 둘은 편의점을 보는 시각이 달랐다. 다카야마 사장은 "당시만 해도 채산이 전혀 안 맞는 데다 물건이 안 왔다는 둥 말도 많았습니다. 그래서 그저 속으로 두고 보자며 벼르고만 있었죠. 다들 편의점 장사를 우습게 보던 시절이었어요. 하지만 이토 씨랑 스즈키 씨 같은 확실한 분들이 하는 일이니 틀림없겠다고 생각했습니다"라고 말했다. 그는 이런 말도 덧붙였다.

"거기다 두 분은 시대의 선봉에서 타사보다 한발 앞서

가고 있었습니다. 사력을 다해 따라가야겠다는 마음뿐이었습니다. 그런 각오가 없었다면 그만뒀을지도 모릅니다."

반면에 전무 다카야마 규이치髙山久一는 이렇게 말했다. "당시 세븐일레븐 재팬의 전신이던 요쿠 세븐이 하려는 소매 형태가 잘 이해되지 않았습니다. 사장은 거래하겠다고 했지만, 난 이게 나쁜 건지 좋은 건지 판단이 서지 않았어요. 대량으로 파는 양판점이 대세였던 시절이라 요쿠 세븐이 하려는 소형 점포가 시대에 역행하는 것 같아서 수긍이 안 가기도 했습니다."

오늘날의 사고방식으로는 전무가 하는 말이 고루하게 들리겠지만, 당시 상황을 생각하면 옳은 소리다. 그러나 비즈니스는 현장·현실·현물을 주시하면서도, 앞을 내다보며 문제점을 찾아 해결하고, 새로운 상품과 서비스를 만들며 끊임없이 도전해야 한다. 그게 바로 혁신이다.

우유를 기점으로 시작된 공동 배송

또 하나의 물류 혁신은 공동 배송이었다. 샐러드, 면류 등 데일리 상품을 만드는 소규모 제조사는 애초에 다빈도 소량 배송 수단이 없는 관계로 일찌감치 공동 배송이 성사됐다. 그러나 대기업 제조사의 협조를 얻기가 쉽지 않았다. 맨 처음 시도한 품목은 우유였다.

그때까지 우유는 젠노全農, 유키지루시 유업雪印乳業(현재 유키지루시 메그밀크雪印メグミルク), 모리나가 유업森永乳業, 메이지 유업明治乳業(현재 메이지株式会社明治) 등 제조사별로 제각기 제품을 배송했는데 확실히 효율이 떨어졌다. 이에 지역별로 담당을 정해 한 제조사가 타사 제품도 같이 운반하는 공동 배송을 제안하자, 업체에서는 크게 반발했다. 타사 제품과 혼재하면 자사 우유가 상할 거라며 격하게 반대하는 곳도 있었다고 한다.

제조사가 자사 브랜드를 챙기는 게 잘못은 아니다. 하지만 제조사 중심의 배송과 진열 방식 때문에 우유의 판매 실적이 저조해진 것도 사실이었다. 이에 세븐일레븐이 각 제조사의 우유가 한눈에 보이도록 진열해 소비자가 자유롭게 고를 수 있도록 했더니 모든 브랜드에서 고르게 매출이 올랐다.

결국 제조사도 소비자 중심의 판매 방식을 받아들였고, 1980년부터 우유를 공동 배송하기 시작했다. 이후 공동 배송은 냉장이나 냉동식품은 물론, 잡화나 화장품에도 도입됐다. 이렇게 세븐일레븐은 소량 배송, 공동 배송, 정보 시스템을 활용한 단품 관리라는 3대 무기를 갖추고 성장 노선을 밟기 시작했다.

편의점 물류가 낳은 개혁과 비판

그래도 만족할 수는 없었다. 현재 세븐일레븐 재팬에서 상품 및 물류 전략을 총괄하고 있는 아오야마 세이이치靑山誠一 본부장은 "내가 입사한 1981년에는 데일리 상품을 하루에 두 번 매장으로 배송했는데, 몇 년 뒤 세 번으로 늘었다는 말을 듣고 놀랐습니다"라며 당시를 회상했다.

편의점은 1980년대 중반까지 오전 7시에서 오후 11시까지 하루 16시간 영업했지만, 야근이나 유흥 시설의 증가로 늦은 밤에도 가게를 찾는 사람이 늘면서 24시간 영업이 확산했다. 자연히 하루 두 번 배송으로는 부족해져, "사람은 하루에 세 끼를 먹습니다. 세 번 배송은 자연스러운 흐름입니다"(스즈키 도시후미)라며 배송 횟수를 3회로 늘렸다. 그 이후 배송은 네 번까지 가능해졌다.

24시간 영업의 확대, 다빈도 배송 등은 분명 편의점 급

성장의 동력이었다. 그러나 이 같은 세븐일레븐의 혁신은 1990년대 들면서 물류비와 물가 급등을 부추기고 환경을 파괴하는 원인으로 지목되며 사회적 비판에 부딪혀야 했다. 최근 들려오는 편의점 비판론과도 일맥상통하는 논리다. 당시에는 편의점을 찾는 수요가 왕성하던 시기이기도 했고, 스즈키가 앞장서서 각종 비판에 대해 데이터를 보여주며 꾸준히 반론을 펼쳐서 비판은 점차 수그러들었다.

물류 문제는 2010년대 후반에 다시 고개를 들었다. 인력 부족이 심각해지면서 이른바 물류 위기가 발생한 것이다. 거기에 운송회사의 가격 인상 등으로 다빈도·소량 배송을 무기로 삼았던 편의점의 경영 모델이 전환점을 맞게 됐다.

참고로 세븐일레븐 하면 데일리 상품을 통일된 품질로 만드는 제조사 연합인 일본 델리카 푸드 협동조합NDF이 유명하다. 이에 2020년에는 공동배송센터 운영사끼리 모여 물류판 NDF를 설립했다. 인력 부족 등 공통 과제를 해결하고 지속 가능한 공급망을 만드는 게 목표다.

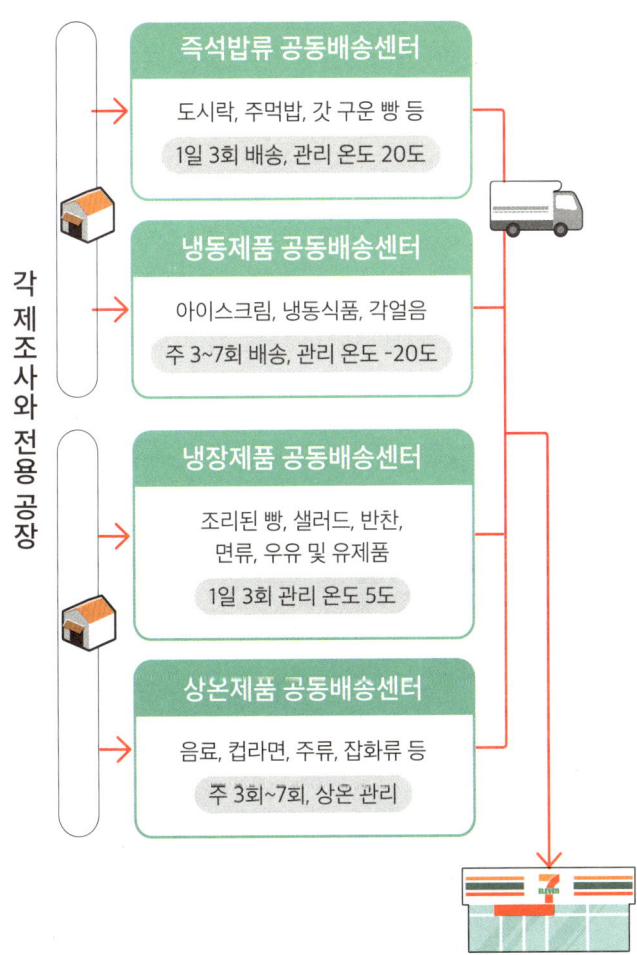

참고: 배송 빈도는 구역이나 계절에 따라 다르다.

배송 센터의 거듭된 개선

공동배송센터는 어떤 식으로 합리화를 도모하고 있을까? 2024년 6월, 우리는 아사히 로지스틱스Asahi Logistics가 운영하는 요코하마 그린 물류센터橫浜緑物流センター(요코하마시)를 방문했다. 총 27개 사가 운영하는 164곳의 배송 센터 중 하나로, 도쿄도 세타가야구, 메구로구, 스기나미구 등과 더불어 가와사키시, 요코하마시 일부 등에 산재한 900여 점포로 물품을 분류해 배송한다.

총면적 1만 제곱미터가 넘는 창고에는 맥주나 컵라면,

900여 점포에 상품을 구분해 배송하는 요코하마 녹색 물류 센터(요코하마시).

주먹밥, 빙과 등 모든 온도대별 상품을 모아 점포에서 들어오는 발주에 맞춰 스태프가 척척 물품을 구분한다. 이곳은 최첨단 센터로 기존의 표시기를 이용한 구분이 아닌 음성을 활용한 시스템을 적용해 업무 효율을 높였다.

운전기사 부족은 지금도 심각한 상황이지만, 그래도 아사히 로지스틱스는 이직률이 낮은 편이다. 여직원을 배려하는 조치나 연수 프로그램을 확충했기 때문이다. 예컨대 배송 중 휴식 시간에는 내부가 안 보이도록 커튼이 달린 트럭을 도입하는 등 직원을 배려하고 있다.

주먹밥은 배합 비율 조절로 신선도 향상

현장 직입자의 부담을 고려한 물류 개혁에서 가장 중요한 것이 배송 빈도의 축소다. 세븐일레븐은 배송 효율화로 하루 4회 배송을 3회로 줄였고, 상온 관리 상품은 발주에서 배송까지 걸리는 리드 타임을 단축했다.

이를 가능케 해 준 것이 선도鮮度 유지 시간의 연장이다. 2009년에 냉장 도시락의 유통기한을 약 1일에서 2일 반으로 늘린 데 이어, 2010년에는 일부 반찬, 2011년에는 파스타, 2018년에는 일부 샌드위치와 샐러드까지 유통기한을 늘렸다.

2024년에는 삼각 주먹밥 중 스테디셀러 5종의 유통기한을 8시간 늘렸다. 새로운 설비를 활용한 제조법 변경으로 균 증식을 막은 덕이다. 그러나 시간이 지나면 쌀의 품질이 떨어진다는 문제가 있었다.

그래서 앞서 언급한 '하치다이메기헤'의 감수를 받아 쌀의 배합 비율을 재검토해, 주먹밥의 신선도를 높이는 데 성공했다. 이렇게 세븐일레븐은 맛의 향상과 유통기한 연장이라는 상반된 과제를 해결함으로써 위기에 처한 편의점 업계에 한 줄기 빛을 비춰줬다.

7. 로손, 참신함과 화제성으로 승부를 보다

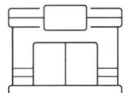

세븐일레븐 재팬 1호점이 1974년 5월 15일 도쿄 도요스에 오픈했을 때, 당시 다이에의 사장이었던 나카우치 이사오가 동행을 데리고 매장을 방문했다는 이야기를 1장에서 했었다. 그 당시, 점장 야마모토 겐지는 나카우치의 존재감에 압도당하면서도 내심 이런 의문을 품었다.

'대체 여긴 뭐 때문에 온 거지?'

그리고 1년 뒤, 다이에의 행보를 보자 그 의문은 풀렸다. 1975년 5월, 다이에는 편의점 사업 진출을 발표했고, 같은 해 6월 오사카부 도요나카시에 '로손' 1호점을 오픈한다는 소식을 알렸다. 이제 막 대형마트의 출점 경쟁이 시작된 상황에서 편의점까지 기업형 체인 소매 시장에 합류한 것이다.

미국식 라이프스타일을 꿈꾸다

로손은 1939년 미국 오하이오주에서 J·J·로손James Joseph Lawson이 개업한 우유 판매점에서 출발했다. '로손 씨의 우유 가게'라는 별칭으로 입소문이 난 이 우유 판매점은 단골이 늘면서 빵이나 주스도 갖다 놔 달라는 요청을 많이 받았고, 자연스레 편의점으로 탈바꿈했다.

이는 세븐일레븐과 유사하다. 세븐일레븐은 미국 댈러스에서 얼음 판매점으로 시작했지만, 마찬가지로 고객의 요청에 맞춰 식품이나 음료 등으로 취급 품목을 넓혔다.

단, 똑같이 미국에서 가져왔어도 세븐일레븐과 로손은 차이를 보였다. 세븐일레븐은 눈여겨봤던 미국식 공급망을 일본 중·소매점 활성화를 위한 '무기'로 활용하려고 했기에, 편의점을 일본에 정착시키는 과정에서 그 외 다른 시스템은 독자적인 방식으로 개선해 나갔다. 그러나 나카우치는 달랐다. 매장 외관부터 구색까지 미국 스타일을 그대로 적용했다.

"미국에서는 종종 집에서 파티를 열어요. 홈 파티가 사교의 중심이죠. 그래서 파티용 음식이나 파티용품에 대한 수요가 있습니다. 일본에도 그런 시대가 올 거라는 생각에

로손은 1970~90년대에 혁신적인 시도를 거듭했다

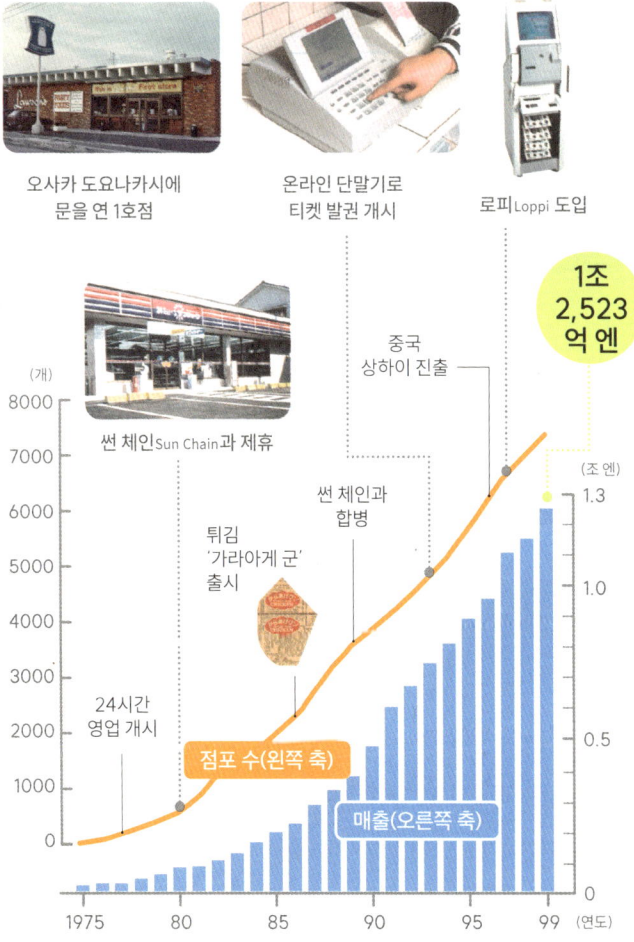

오사카 도요나카시에 문을 연 1호점

온라인 단말기로 티켓 발권 개시

로피 Loppi 도입

1조 2,523억 엔

중국 상하이 진출

썬 체인 Sun Chain과 제휴

썬 체인과 합병

튀김 '가라아게 군' 출시

24시간 영업 개시

점포 수(왼쪽 축)

매출(오른쪽 축)

참고: 로손 자료를 바탕으로 작성, 연도는 결산기 기준

로손 1호점은 영문 표기가 눈에 띄는 미국풍 매장이었다.

로손을 들여왔습니다."

나카우치의 말을 듣고 있자니, 치열하게 경쟁하던 이토요카도와 다이에의 상반된 영업 스타일이 떠올랐다.

이토요카도가 품질을 중시한 데 비해, 다이에는 양과 가격 면에서 미국식의 높은 가성비를 추구했다. 이토요카도가 운영하는 세븐일레븐은 미국 본사의 운영 기법을 철저히 일본식으로 '번역'했다. 다이에는 로손을 들여와 미국식 매장 구성과 라이프스타일을 제공하려고 했다.

그러나 편의점 시장이 커지면서 로손도 일본의 일상생활을 중시한 소매점 체인으로 변모해 갔다. 1호점의 첫날 매출이 180만 엔(약 1,690만 원)을 기록하고 평균 매출도 현재의 3배에 달할 만큼 높았던 인기가 점차 떨어졌기 때문이다. 나카우치는 이렇게 술회했다. "일본식 가옥 구조나 집안 여건 때문에 홈 파티가 보급되지 않았습니다. 다이에 그룹은 항상 시대보다 한발 앞서갔는데, 이건 세 발짝 정도 빨랐어요(웃음)."

가라아게군, 발권 서비스, 중국 진출

차이는 더 있었다. 세븐은 스즈키 도시후미라는 직원이자 창업자 격인 리더가 회사를 이끌며 모회사와는 차별화된 독립적인 문화를 구축했다. 이에 반해 로손은 다이에의 특색을 반영해 독자적으로 편의점 문화를 만들었다.

일례로 닭튀김인 '가라아게군からあげクン'이 대표적이다. 냉동식품 제조사 니치레이NICHIREI와 공동 개발해 1986년에 출시한 가라아게군은 육류 거래량에서 압도적인 실적을 자랑하는 다이에의 강점을 살린 제품이다. 5개들이 200엔(약 1,900원)이라는 합리적인 가격 덕에 특히 중고생 사이에서 붐이 일었다.

또 하나 로손 하면 엔터테인먼트에 강하다는 이미지

'가라아게군'은 다양한 맛으로 인기를 끌어왔다(2016년, 발매 30주년 전시).

가 있다. 실제로 1997년에 타사보다 한발 앞서 매장에 '로피Loppi'라는 멀티 단말기기를 설치해서 스포츠나 콘서트 티켓 등의 발권 서비스를 제공하기 시작했다.

실제로 야구팀 후쿠오카 다이에 호크스Fukuoka Daiei Hawks*의 운영사이기도 했던 다이에다운 서비스라 할 수 있다. 호크스 티켓을 손쉽게 구할 수 있도록 고안한 서비스가 다름 아닌 로피였던 것이다.

1996년에 일찌감치 중국에 진출한 것도 나카우치의 경영 사상을 반영한 행보였다.

- 2004년 소프트뱅크가 구단 주식 98%를 50억 엔(약 470억 원)에 매수하면서 후쿠오카 소프트뱅크 호크스로 명칭이 변경됐다.

상하이 1호점 개점 당시 풍경.

"나는 전쟁을 직접 경험한 세대라 아시아의 유통 근대화에 일조하고 싶다는 생각을 늘 해왔습니다."

지금은 중국에서 약 6,300개(2024년 4월 시점)의 점포를 운영 중이다. 기업의 독자성이란 오랜 기간 쌓아온 역사관과 창업 초창기의 강한 신념에서 나오는 것임을 알 수 있는 대목이다.

카바레 체인과의 손을 잡다

숱한 역사적 사건과 산업계의 지난 행보를 돌아보면,

업계 최강자에 맞서 2위 이하의 업체들이 합종연횡하는 전략으로 대응하는 경우가 많다. 편의점 업계도 다르지 않다. 로손은 세븐일레븐보다 1년 늦게 시작했으나, 1989년에 점포 수 1,000개가 넘는 썬 체인Sun Chain과 합병했다. 이 썬 체인의 기업문화가 로손의 발전에 큰 역할을 담당하고 있다.

썬 체인의 모회사는 트라이얼 벤처 비즈니스TVB라는 서비스 기업이었다. 이 TVB는 사실 유명 카바레 체인 '하와이'의 운영사이기도 했다. 사장인 고마쓰자키 사카에小松崎栄가 전쟁으로 남편을 잃은 여성이 일할 곳을 만들기 위해 시작한 사업이 이 카바레 체인인데, 한때는 점포 수가 1,500개에 달했다고 한다.

그러다 1970년대 후반 석유 파동 이후, 유사한 서비스업이 늘면서 성장률이 주춤거렸다. 나이트 레저 산업계의 유통 혁신을 지향했던 고마쓰자키는 또 다른 혁신을 찾아 나서야 했고, 그때 벤치마크 대상이 된 것이 다이에였다. 그는 유통업계에 발을 들이기로 마음먹고 백화점 근무 경험이 있는 상무이사 스즈키 사다오鈴木貞夫(이후 썬 체인의 사장으로 취임)의 조언을 참고해 편의점 사업에 진출했다.

스즈키 사장이 로손 연혁집에서 언급한 썬 체인의 특징

은 실로 흥미롭다. "카바레 하와이에서는 호스티스라고 부르지 않고 여자 사원이라고 불렀습니다. 이 여자 사원들이 편하게 이용할 만한 장소를 물색하라는 지시를 받아 선정한 편의점 출점 지역이 도쿄 23구 내 번화가 주변이었습니다." 즉, 일하는 여성에 대한 배려가 경영의 근간이 된 것이다. 아름다움과 건강을 중시하며 유기농 제품 등도 함께 취급하는 편의점 '내추럴 로손NATURAL LAWSON'을 시작한 것도 같은 이유에서다.

새로운 사업에 뛰어든 베테랑 오너

업계 최초로 전 지점 24시간 영업을 시작한 곳도 썬 체인이었다. 이유는 "하와이 체인에서 일하는 여자 사원이 카바레 영업이 끝난 후에도 쇼핑할 수 있게 하기 위함이었다."(스즈키) 여담이지만 회사명 썬 체인은 스즈키의 히토쓰바시 대학 시절 동문이었던 이시하라 신타로石原慎太郎의 소설 《태양의 계절太陽の季節》에서 따왔다.

연혁집에는 스즈키와 나카우치에 관한 재밌는 에피소드가 실려있다. 1980년 업무제휴를 맺을 당시, 동경하던 나카우치와 대면한 스즈키는 "다이에 그룹에서 편의점은 어떤 위치에 있습니까?"라며 열의에 찬 질문을 던졌다고 한다. 그러자 나카우치는 이렇게 답했다. "저는 모릅니다. 사업 본부장한테 물어보십시오."

후에 스즈키가 "그 한마디가 인상적이었습니다"라고 하자 나카우치는 "내가 그런 말을 했다고?"라며 웃었다고 한다. 당시만 해도 세븐일레븐과 달리 편의점도 자사 전략 중 일부로만 여기던 다이에의 대범함이 엿보이는 대목이다.

현재 도쿄도에서 34곳의 로손을 운영 중인 세븐와이즈sevenwise(도쿄 시부야)의 사장 요다 도시미치余田利通는 그런 썬 체인 출신이다. 당시 요다는 대학을 7년이나 재적하는 바람에 평범한 취직 자리는 단념하고 있었다. 그러던 차에 우연히도 그가 사는 도쿄 묘가다니에서 썬 체인 본부를 발견했다.

그때 마침 본부에서는 '가맹점 제도'를 표방하며 점포 오너를 모집하고 있었다. 그는 응모해 보기로 마음먹고 가맹비로 100만 엔을 준비했지만, 친부는 보증을 서 달라는 그의 부탁을 완강히 거절했다. "대학을 관두고 24시간 영업하는 가게를 한다고? 그건 사람이 할 일이 아니야."

요다는 어쩔 수 없이 친척을 보증인으로 세워 정식으로 도쿄 히로오 지점에 점장으로 들어갔지만, 불리한 입지 조건 탓인지 하루 평균 매출은 14만 엔(약 131만 원)이 고작이었다. 요다의 당시 심정은 이랬다. "사실 복학도 생각하고 있던 터라 손님이 없는 조용한 환경이 좋긴 했습니다." 그러나 운명이란 예고도 없이 바뀌는 법이다. 당시 주류와 담배의 판매 면허는 추첨제로 교부됐는데, 개업한 지 1년도 안 된 요다의 매장이 추첨에 당첨된 것이다. 그때부터 매출은 단숨에 하루 30만 엔(약 282만 원)까지 늘었다.

수많은 신념이 낳은 혁신

요다는 이후 다른 사업에 손을 댔다가 3,000만 엔(약 2억 8,200만 원)의 빚을 지기도 했지만, 성장 궤도에 오른 편의점 사업 덕에 여러 점포의 점주를 관리하며 금세 갚았다고 한다. 1989년 운영사였던 썬 체인이 로손과의 합병에 돌입했을 때는 "창피해서 간판 교체도 안 하고 끝까지 버텼습니다"라며 웃음 띤 얼굴로 당시를 회상했다.

그러나 로손의 뛰어난 상품력을 확인하니, 편의점을 포

썬 체인 시절부터 편의점 운영을 맡아온 세븐와이즈의 요다 도시미치 사장.

기할 수 없었다고 한다. 오히려 사업이 성장할수록 편의점을 통해 지역 커뮤니티를 살리고, 먹을 수 있는데 버려지는 식품을 줄여야 한다는 사명감이 강해졌다고 한다. 그렇게 그는 이제 로손을 대표하는 얼굴이 됐다.

일본 경제가 활기를 띠던 1970년대부터 2000년대까지 로손은 다이에 창업자의 신념과 카바레 경영자의 도전의식 등 선배들의 다양한 열정을 흡수하며 성장했다.

2024년 4월에는 대형 통신사 KDDI가 주식공개매수Take Over Bid, TOB*로 로손에 50퍼센트 출자를 단행했다는

- 주식 매수 희망자가 매수 기간, 가격, 수량 등을 공개적으로 제시하고 주식시장 밖에서 불특정 다수의 주주로부터 주식을 매수하는 행위를 말한다. 대량의 주식을 단기간에 매입해 대상 기업의 경영권을 얻고 싶을 때 주로 사용한다.

소식이 들려왔는데, 이 또한 시대의 격랑을 헤쳐온 로손다운 결정이라 할 수 있겠다. 향후 어떻게 전개될지 불확실한 면도 없지 않지만, 혁신을 지향하고 서비스 정신을 중시하는 사풍이 로손을 지켜주는 생명줄인 것은 분명하다.

가라아게군이 보여준 갓 만든 음식의 가치

세븐일레븐이 다양한 혁신을 추진한 것은 맞지만, 타사가 앞선 사례도 많다. 그중 하나가 1986년 로손이 출시한 튀김 '가라아게군'이다. 일본에 편의점이 탄생한 지 약 10년, 슈퍼마켓과의 차별성이 뚜렷해졌을 때쯤 로손이 발 빠르게 매장에 튀김 설비를 들여 히트상품을 낸 것이다.

가라아게군은 5개들이 200엔이라는 저렴한 가격 덕에 중고생을 중심으로 큰 인기를 얻으며, 이른바 '방과 후 주전부리'의 대표로 떠올랐다. 초창기 광고 모델도 여성 아이돌 그룹 '오냥코 클럽'이 맡았다. 출시 후 약 40년간 선보인 맛은 총 400여 종으로, 매운맛, 치즈 맛, 카레 맛, 도호쿠 지역 한정으로 출시된 훈제 단무지 맛 등 다양한 시도로 팬들을 사로잡아 왔다. 참고로 시작은 로손 담당자와 냉동식품 제조사 니치레이 푸드의 대화에서였다고 한다.

2024년 7월 중순, 가라아게군을 만드는 니치레이의 후나바시 제3공장(지바현 후나바시시)을 찾았다. 이곳은 로손 전용 설비로, 니치레이 그룹 내에서도 별로 알려지지 않은 곳이다. 200여 명이 근무하는 약 3,000제곱미터의 공간에서는 원료의 입고부터 검품, 염장, 성형, 튀김옷 입히기, 튀기기, 동결, 포장에 이르는 작업 공정을 거쳐 하루 60만 개의 가라아게군이 생산되고 있었다.

견학 당일에는 아직 발매 전인 신제품이 만들어지고 있었다. 그런데 도중에 가라아게군에 뭔가를 각인하는 공정

가라아게 군을 하루 60만 개씩 만드는 니치레이 푸드의 후나바시 제3공장(지바현 후나바시시).

을 목격했다. 이건 '요정'이랑 '요정킹' 캐릭터잖아! 요정 캐릭터가 찍힌 가라아게군을 만날 확률은 1,000분의 1 정도로 매우 희박하다. 가라아게군을 자주 먹는다는 로손의 다케마스 사다노부竹增貞信 대표도 아직 요정 캐릭터가 나온 적은 없다고 한다.

이런 방과 후 주전부리 제품의 인기가 젊은 층에게 로손이라는 편의점을 또렷이 각인시키는 데 공헌한 것은 틀림없다. 이를테면 디저트류가 대표적이다. 2009년에 출시한 '프리미엄 롤케이크'는 스테디셀러 상품으로 자리 잡았고, 이후에도 스페인 바스크 지방이 기원인 치즈케이크 '바스티' 등이 히트했다. 뛰어난 제품 개발력을 자랑하는 세븐일레븐에 맞서, 다년간 편의점 업계 2위를 고수해 온 로손에게 참신함과 화제성은 기업을 지키는 생명줄이다. 더불어 한발 앞서 도입한 튀김기는 매장에서 음식을 조리해 제공하는 일명 '동네 주방' 서비스로 이어졌다.

로손이 화장실을 개방한 이유

1995년, 로손의 과거 모회사였던 다이에의 소재지에서 한신·아와지 대지진이 일어났다. 그룹의 총수인 나카우치는 "모든 로손 간판에 불을 켜고 점포 운영을 재개하겠다는 의사를 밝혀 사회 인프라의 역할을 다하겠다는 뜻을 전하고 싶었습니다"라고 말하며 당시를 회상한 바 있다. 이후, 로손은 강력한 재난 대응 체제를 구축했다.

동네 주방 서비스도 동일본 대지진의 영향으로 전기와 수도, 가스 등이 끊겼을 때 이용객에게 따뜻한 밥 한 끼라도 제공하자는 가맹점주와 로손 직원의 제안에서 시작됐다.

로손의 선구안을 보여주는 사례로 빼놓을 수 없는 것이 1997년부터 개방한 화장실이다. 당시만 해도 편의점에 화장실이 딸려 있어도 물건을 샀을 때만 이용할 수 있었고, 또 이용하려면 일일이 점원에게 묻는 것이 관례였다. 그러나 로손은 물건의 구매 여부와 상관없이 필요하면 언제든 화장실을 이용하도록 했다.

용변이 급한 것만큼 난처한 일도 없다. '지역 안심 스테이션'이라는 슬로건을 내세운 이상, 화장실 개방은 필수였다. 이렇듯 약 50년에 걸쳐 다듬어 온 소비자를 향한 세심한 배려가 편의점을 단순 소매점을 넘어 중요한 사회 인프라로 자리매김하게 한 것이다.

사장과의 인터뷰

로손 사장
다케마스 사다노부

디지털과 AI의 활용, 생산성을 2배로 높이다

다케마스 사다노부

1993년 오사카대학 경제학부 졸업 후, 미쓰비시 상사 입사. 축산부서와 사장 비서 등을 거쳐 2014년 로손 부사장, 2016년에는 사장으로 취임.

Q. 매장 입구를 보니 할인 행사가 늘었네요?

"사실 그런 생각은 별로 안 해봤는데요. 할인으로는 이제 고객한테 어필할 수 없거든요. 흥미로우면서 저렴해야 합니다. 그린 스무디나 바스티(스페인 바스크 지방에서 유래한 치즈 케이크)처럼 아직 시장에 널리 유통되지 않는 제품을 내놓으면 반응이 오죠. '퍼주기 챌린

지'(내용물의 증량을 강조하는 이벤트)도 마찬가지입니다. 이런 대용량을 이 가격으로 편의점에서 손쉽게 살 수 있다는 걸 알리는 게 중요한 거죠."

Q. **코로나로 편의점의 역할이 바뀌었나요?**

"코로나 전까지 본사는 프랜차이즈 가맹점을 위해 일한다는 의식이 강했습니다. 가맹점도 본사의 움직임을 주시했고요. 하지만 지금은 모두 고객을 위해 일한다는 마인드로 바뀌었습니다. 그렇다 보니 다른 회사에도 신경 쓰지 않습니다. 남 흉내 내 봤자, 원조는 뛰어넘을 수 없으니까요. 점포나 사회를 매개로 고객의 심리를 살피려는 의식이 강해졌습니다."

Q. **어떤 의미에서는 당연한 것 같은데, 왜 그런 의식이 강해진 걸까요?**

"아무래도 코로나로 고객의 가치관과 생활양식, 나아가 우리 사회가 바뀐 거죠. 그런데 정작 저희는 그에 대한 대비가 미흡해 고객이 원하는 제품을 준비하지 못했습니다. 주먹밥이나 청량음료 같은 품목의 매출은 코로나 이전 수준으로 돌아갔지만, 전반적인 판매 양상은 예전 같지 않아요. 냉동식품과 반찬의 매출이 늘었고 고객이 편의점을 찾는 이유도 바뀌었습니다.

여러 시도를 거듭하며 냉동 칸이나 반찬 종류는 늘리는 등 투자를 진행해 왔습니다. 디저트를 진열하는 집기나 무인양품 매대를 확대한 것도 같은 이유입니다. 급할 때 찾을 만한 의류 제품도 준비가 부족했어요. 앞으로는 손님이 특정 품목을 지정해서 구매할 수 있는 서비스를 확충하려고 합니다."

Q. 탄생 50주년을 맞이한 편의점은 지금 어떤 국면을 맞고 있다고 생각하십니까?

"점포 수로 보면 성숙기입니다. 누구나 이용할 수 있을 만큼 점포망이 구축된 덕에 하나의 인프라가 됐죠. 진짜 승부는 이제부터 펼쳐질 겁니다. 시민과이 점점에서 재해 때도 제 역할을 할 거고요. 다만 인력 부족이니 임금 인상 등 편의점 경영에도 역풍은 불고 있습니다. 사회 인프라로 제 기능을 유지하면서 편의성을 제공하려면 생산성을 두 배로 올려야 합니다.

그간 AI와 디지털 기술을 점포 운영에 활용하는 실험을 진행했는데, 겉으로 보기에는 별 효과가 없었습니다. 다행히 올해 도입한 AI 발주 시스템은 가맹점 반응이 좋습니다. 어떤 점주는 '미덥지 않았는데 허무할 정도로 효과적'이라고 하더군요(웃음). 실제로 저희와 재계약을 맺은 점주들과 여행을 갈 기회가 있었는데, AI한테 맡기고 왔다면서 기분 좋게 참여하시더군요."

Q. **앞으로 편의점은 어떤 식으로 진화할까요?**

"AI나 로보틱스 등의 개발로 디지털 전환은 진행되겠지만, 사람이 없는 매장으로 만들고 싶지는 않습니다. 무인으로 운영할 수 있는 능력은 갖추지만 굳이 시행하지는 않겠다는 생각인 거죠. 미국의 슈퍼마켓에서는 계산대를 모두 유인화해서 생산성을 올린 사례도 있습니다. 오히려 인간을 남기기 위해 생산성을 높이는 노력이 필요할 수도 있습니다.

지역 주민이 안심하고 생활할 수 있도록 알맞은 상품과 서비스를 제공하는 허브가 되는 것이 로손이 그리는 이상입니다. 그런 의미에서 (로손 주식의 50퍼센트를 사들인) KDDI에 기대하는 바가 큽니다. 지금은 여러 아이디어를 모으는 단계지만, 2030년에는 미래형 편의점으로서 영향력을 행사하고 싶습니다."

8. 훼미리마트, 3등 탈출을 위한 반격

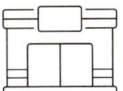

'일본의 전국 체인 편의점 중 1호점은 어디일까요?'

편의점 업계에서는 흔히 묻는 질문이다. 보통 세븐일레븐이라고 대답하는 사람이 많은데, 실은 그렇지 않다. 세븐일레븐보다 앞서 일본에 편의점을 세운 곳은 훼미리마트다.

1970년대 초에 세이부 유통 그룹西武流通グループ*의 유통산업 연구소에 있으면서 세이유 스토어(현 세이유Seiyu)**의 이사직을 겸했던 다기오카 스에아기 高丘季昭(후에 훼미리마트와 세이유의 회장을 역임)는 중소기업청 회원과 미국 편의점을 조사·연구 중이었다. 그 동기는 세븐일레븐과 비슷하게 대형마트와 중소 소매점이 공존할 수 있는 소형 점포 비즈니스 모델을 구축하기 위해서였다.

- 세존 그룹Saison Group의 전신으로, 1964년부터 2002년까지 존재했던 유통 기업이다.
- 슈퍼마켓 체인 등을 운영하는 유통사. 한때 세존 그룹의 핵심적 존재였으나 세존 그룹 도산 후, 2002년 미국 월마트의 자회사가 됐다.

8. 훼미리마트, 3등 탈출을 위한 분투

1972년에는 중소기업청이 세이유 등의 협조를 얻어 '편의점 매뉴얼'을 작성했다. 마침 세븐일레븐과 로손이 미국 기업과 라이선스 계약을 맺은 시점이었다. 반면에 훼미리마트는 당시 세이유가 기존 슈퍼마켓보다 작은 소형 점포를 개발하는 부서를 사내에 두고 독자적으로 만든 경우다.

편의점 사업을 이끈 장본인이자 훼미리마트와 세이유의 회장을 지낸 다카오카는 이렇게 말했다. "소매업은 본래 지역에 기반을 둔 유통업이고, 사업의 핵심은 상품 구색에 있습니다. 그렇다면 미국식 노하우가 전혀 없어도 편의점에 들여놓을 상품의 구성이나 콘셉트는 짤 수 있다고 판단했습니다."

미국식이 아닌 일본식 프랜차이즈로

일본식으로 손수 꾸린 편의점. 훼미리라는 이름의 유래도 실로 훈훈하다. 여기에는 '고객, 프랜차이즈 가맹점, 본사가 가족처럼 교류하며 함께 발전하고 싶다'라는 생각이 담겨있다. 세이유의 소형 점포 사업으로 시작된 훼미리마트 1호점은 1973년 9월, 사이타마현 사야마시에서 문을 열었다. 오픈 당시에는 도시락이나 주먹밥과 같은 요즘 말하는 '간편식'은 없어서 사실상 미니 슈퍼마켓이었다.

이렇게 시작은 누구보다 빨랐지만, 같은 비즈니스라도 슈퍼마켓과 편의점은 달랐다. 품목별 발주량은 물론 납품 방법 등을 확립하는데 품이 많이 들어 매출이 예상만큼 늘지 않았다. 결과적으로 초기 매출은 월 1,000만 엔(약 9,400만 원)이라는 목표치 대비 절반 수준에 그쳤다. 설상가상 세이유 사내에서도 편의점 사업에 대해 "슈퍼마켓과는 반대로 중소 소매점과 공존하겠다더니 오히려 작은 가

1973년 9월 오픈한 1호점(사이타마현 사야마시).

게를 더 힘들게 하는 것 아니냐"라며 회의적인 의견이 쏟아졌다고 한다. 그럼에도 훼미리마트는 1981년 세이유에서 독립하게 된다.

초대 사장인 오키 쇼이치로沖正一郎는 이토추상사에 있다가 세이유로 이직한 인물이다. 그는 이토추로 돌아갈지 세이유로 아예 적을 옮길지 고민한 끝에 편의점을 만들겠다는 목표로 세이유를 선택했다. "장사란 질려서는 안 된다" "미국식 프랜차이즈가 아닌 일본식의 정이 통하는 프랜차이즈를 만들어 가맹점의 발전을 돕는 게 본부의 역할이다. 결코 노하우만 팔아서는 안 된다" 등의 장사 철학을 즐겨 말하고는 했다.

1980년대 편의점 업계는 아직 '성장기'였다. 수많은 이들이 자신의 인생을 걸고 도전하려 드는 곳이었다. 1983년 신규 졸업생으로 입사한 현 부사장 가토 도시오加藤利夫도 그중 한 명이었다. "당시에는 혁신적인 세이부 세존 그룹 산하에 있으면서 소형 점포로 지역사회에 공헌하려는 훼미리마트를 계기로 일본에도 편의점이라는 새로운 유통 업태가 생길 것이라 보고 지원했습니다"라며 당시를 회고했다.

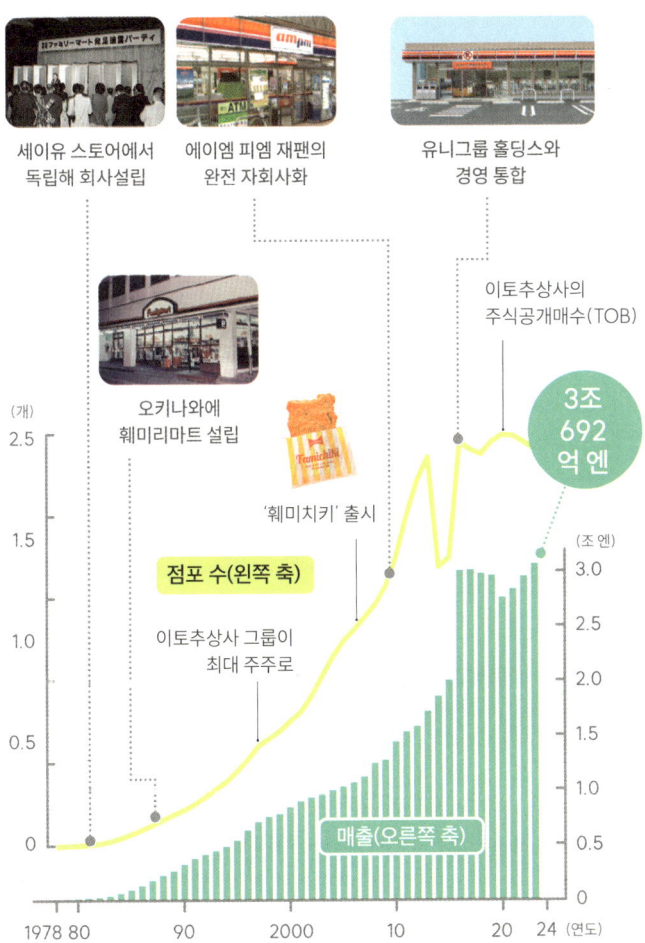

참고: 2014년도의 점포 급감은 한국 시장에서 철수한 영향, 2024년 5월 말 점포 수는 2만 4,177개, 매출은 각 체인점의 합계.

8. 훼미리마트, 3등 탈출을 위한 분투

창업 초기, 점주의 당혹감과 결단

이쯤에서 1986년 가맹점주 모집 때 지원해 지금도 점포 네 곳을 운영 중인 '훼미리'를 소개하고자 한다. 오카노 데루岡野テル는 오랜 기간 근무한 회계 사무소를 그만두고 앞으로 무슨 일을 해야 할지 고민 중이었다. 그 모습을 본 맏딸이 훼미리마트에서 가맹점주를 모집한다는 소식을 알려주었다.

당시 오카노는 주로 젊은 고객이 찾는 편의점이란 곳에는 가 본 적도 없었지만, 일단 전화를 걸고 관계자가 시키는 대로 도쿄 신주쿠의 사무소를 찾아갔다. 그러자 점포 개발 담당자란 사람이 장사 경험도 없는 오카노에게 대뜸 이렇게 말했다. "마침 세타가야구에 개발 중인 점포가 있어요. 꼭 좀 맡아주세요."

정말이지 초창기였기에 가능한 얼토당토않은 스토리다. 어쨌든 그의 부탁을 수락한 오카노는 게이오선 이케노우에역 상점가의 한 매장으로 보내졌다. 그러나 '하루에 100명이나 올까?' 싶을 만큼 한산한 거리에 그는 당혹스러웠다.

무릎을 꿇어가며 버티다

실제로 점주가 되고부터는 지옥 같은 경험을 했다. 1986년은 2024년에 화제가 된 TBS 드라마 〈부적절한 것도 정도가 있다!不適切にもほどがある!〉의 무대가 된 '쇼와시대'*. 실제로 말도 안 되는 해코지가 많던 시절이었는데 안타깝게도 당시 그가 운영하던 매장이 현지 상가의 눈 밖에 난 것이다.

"정말 몇 번이나 무릎을 꿇었는지." 오카노는 과거를 회상하며 말했다. 가령 납품 트럭을 가게에서 조금이라도 벗어난 곳에 세우면 주변에서 운전사가 못 내리게 훼방을 놨다. "무릎 꿇지 않으면 운전사는 못 내립니다"라는 상가 주인들 말에 오카노는 "내리게만 해 준다면야"하며 땅바닥에 손을 짚었다고 한다. 처음에 이 일을 권유했던 맏딸이 보다못해 "그런 일을 당할 바엔 차라리 그만둬"라고 말했을 정도였다.

사실 야마가타현 출신의 오카노는 어렸을 적 혹독한 가난과 괴롭힘을 경험해 왔다. "정말 〈오싱〉 같은 시절이었

* 쇼와 천황의 재위했던 시기에 사용했던 연호로, 1926년 12월 25일부터 1989년 1월 7일까지를 말한다.

습니다" 참고로 〈오싱〉은 1983~1984년에 방영된 NHK 연속극으로 야마가타현의 가난한 오지에서 태어난 주인공이 일평생 갖은 고생을 거쳐 후에 슈퍼마켓을 차린다. 마찬가지로 오카노도 온갖 문제와 압력에 시달려야 했다. 그러나 그는 이런 건 고생 축에도 못 든다며 하나하나 부딪혀 나갔다.

당시 주류 판매권에 당첨됐음에도 경쟁 관계에 있던 다른 주류 판매점 출신의 편의점 주인의 방해로 면허가 나오지 않아 고생했던 적도 있다. 이런 부당한 괴롭힘은 계

오카노(오른쪽)는 도내 매장을 잘 꾸려 장남에게 경영을 물려주었다.

속됐지만 다행히 단골손님이 서서히 늘면서 장사는 궤도에 오르기 시작했다. 상점가에서 하는 축제 이벤트 등에도 적극 협력하자 지역민과도 막역한 사이가 됐다.

훼미리마트 본사의 신임을 얻은 오카노는 세븐일레븐이나 미국 편의점 브랜드 에이엠피엠am/pm의 근거지였던 도심부의 매장을 맡는다. 이토추상사의 오카후지 마사히로岡藤正広 회장도 오카노에게 감사장을 보냈다. 얼마 후 오카노의 장남도 뒤를 이어 격전지인 시부야구에서 점장을 맡게 됐고, 장녀도 세타가야구 매장의 점장을 맡았다. 그야말로 〈오싱〉의 훼미리마트 버전이 따로 없다. 이런 강한 인내심과 긍정적인 주인의식으로 훼미리마트는 계속 성장했다.

세존 그룹에서 이토추상사로

가족 경영을 강조했던 훼미리마트는 모회사인 세이유가 속한 세존 그룹의 경영 악화로 전환점을 맞았다. 세존 그룹은 우량기업을 매각해 부채를 줄여야 하는 상황까지 내몰렸다. 그룹의 총수 쓰쓰미 세이지堤清二는 "장래성 있는 편의점보다 차라리 백화점을 파는 게 낫습니다"라고 했지만, 수익성이 떨어진 백화점을 팔아봤자 재무 효과는 미미했다.

그 무렵, 초대 사장이 한때 몸담았던 이토추상사가 훼미리마트에 관심을 보였다. "상사가 언제까지고 거래 중개 수수료만 받으며 일하는 시대는 끝났습니다. 수익 구조의 변화가 필요합니다" 1997년 부사장일 때부터 훼미리마트 인수에 관여했던 니와 우이치로丹羽宇一郎(이후 사장 겸 회장)는 본인의 저서 《일이 인생을 단련한다仕事と心の流儀》에서 훼미리마트의 인수 내막을 가감 없이 서술하고 있다.

니와는 1990년대 업무부장 시절부터 훼미리마트에 주목해 주식을 조금씩 매입하는 전략을 펴고 있었다. 얼마 뒤, 훼미리마트의 최대 주주인 세존 그룹이 정리해고를 단행한다는 정보가 떴고, 이때를 겨냥해 니와는 팀을 만들어 언제 어떻게 주식을 매입할지 시뮬레이션을 진행했다고 한다. 그리고 사장으로 취임하기 몇 달 전, 세존 그룹의 실력자인 와다 시게아키和田繁明와 협상을 진행했다.

그러나 인수액을 두고 이견이 좁혀지지 않았다. 둘 다 팔짱을 낀 채 침묵 속에서 시간만 흘려보냈다. 니와는 '먼저 움직이면 지는 거다'라고 생각하며 버티기에 돌입했다.

니와 우이치로(왼)와 와다 시게아키(오)가 훼미리마트의 미래를 걸고 협상을 벌였다.

그러자 와다가 양해를 구하며 자리를 비웠다. 니와는 "아마 세존 그룹의 전 오너 쓰쓰미 세이지에게 전화로 상의하려던 게 아니었겠냐?"라며 당시를 술회했다.

결국 세존이 뜻을 굽혔고 이토추상사가 제시한 1,350억 엔으로 훼미리마트 주식의 30.6퍼센트를 취득하기로 합의했다. 그러나 이토추상사가 경영권을 잡은 2000년대부터 편의점 업계의 성장에 그늘이 드리워지기 시작했다. 거기다 훼미리마트는 업계 1위인 세븐일레븐은 물론 2위인 로손과 비교해도 점포 수에서 한참 밀렸고, 2004년에는 서클K Circle K*와 선쿠스sunkus**의 합병으로 3위 자리조차 위

* 미국의 편의점과 주유소를 합친 체인 브랜드.
** 일본 토종 편의점 기업.

8. 훼미리마트, 3등 탈출을 위한 분투

태로워졌다. 이젠 가족 같은 경영만으로는 앞날을 장담할 수 없었다. 강해지지 않으면 살아남을 수 없는 처지에 내몰린 것이다.

M&A로 라이벌이 '콤비'가 되다

2002년에 훼미리마트 사장으로 취임한 인물은 이토추 상사의 니와와도 가까웠던 우에타 준지上田準二다. 식음료 부문 출신으로 일본의 식육 가공 업체 프리마햄Prima Meat Packers을 재건한 장본인이기도 한 그는 인간미 넘치는 캐릭터지만, 경영에는 엄격하다. 사장 자리에 오르기 전 고문으로 취임했을 때는 "업계 1위인 세븐일레븐과 현격한 차이가 나는데도 위기감이 없습니다"라며 정리해고와 기강 바로잡기에 돌입했다.

만년 3위인 훼미리마트를 보며 대다수 업계나 업태에서는 2위까지밖에 살아남지 못할 것이라고 예상했다. 이에 훼미리마트는 3위에서 탈출하겠다는 듯 인수·합병(M&A)을 통한 확대 전략으로 방향을 틀었다.

2009년에는 도심부에서 강한 존재감을 드러내며 약

유니그룹 홀딩스와의 경영 통합 회견에서 악수하는 우에타 준지 훼미리마트 회장(가운데)과 경영진.

1,100개의 편의점 매장을 보유한 에이엠피엠 재팬am/pm Japan을 인수한 데 이어 2015년에는 코코스토어Cocostore*를 인수했다. 2016년에는 유니그룹 홀딩스UniGroup Holdings와의 경영 통합으로 과거 점포 수에서 훼미리마트에 육박할 만큼 번성했던 서클K 선쿠스를 손에 넣은 덕에 한때는 세븐일레븐에 필적할 만큼 규모가 커지기도 했다.

훈훈한 가족 경영을 지향했던 훼미리마트는 이처럼 다양한 새 가족을 맞아들여 강력한 집단으로 거듭났다. 캐치카피를 빌려 표현하자면 "과거의 라이벌이 콤비로, 훼미리마트"였다.

- 지금은 사라진 일본의 편의점 체인.

중국제보다 비싼 일본 타월이 팔린 이유

점포 수가 포화 상태에 가까워지자, 편의점이란 업태를 재검토해야 한다는 여론도 강해졌다. 그간 먹거리 인프라를 자처하며 성장했으나 이제는 한 매장에서 생필품까지 모두 조달하는 '원스톱 쇼핑 공간'을 지향해야 한다는 주장도 그중 하나였다.

훼미리마트가 자체 의류 브랜드인 '컨비니언스 웨어'를 출시하게 된 것도 그런 배경에서다. 양말이나 손수건, 타월 등으로 구성된 컨비니언스 웨어는 섬유업에 강한 이토추상사의 그룹사다운 기획이었다. 처음에는 '잠깐 눈길만 끌다가 말겠지'하고 생각했다.

하지만 전국에 상품을 유통한 지 3년 반이 지난 지금도 전년 실적을 30퍼센트가량 웃돌며 판매가 늘고 있다고 하니 놀라울 뿐이다. 특히 좋은 반응을 얻은 품목이 타월 명산지로 유명한 에히메현 이마바리시에서 제조하는 '타월 손수건'이다.

편의점은 식품이 메인이고 손수건 같은 잡화는 급할 때 찾는 수요가 대부분이라 거래량이 적다. 훼미리마트도 2010년대 후반까지는 저렴한 중국산 손수건만 비치해 두는 정도였다. 그러다 "디자인이 좋은 제품을 팔면 시장이 넓어질 수도 있다"라는 사내 제안을 수용해 이마바리산 제품을 자체상표(PB)로 투입했다.

이마바리는 예로부터 타월 제조로 유명한 곳이다. 경도 성분이 낮고, 염색 등에 적합한 양질의 물이 풍부한 덕이다. 하지만 저가 수입품의 공세도 만만치 않았다.

사실 이마바리시의 타월이 명품으로 재조명을 받은 지는 20년도 채 되지 않았다. 2006년에 국책사업의 지원 대상으로 선정돼 시코쿠 타월 공업 조합과 이마바리 상공회의소, 이마바리시가 손잡고 일명 '이마바리 타월 프로젝트'를 추진한 것이 계기였다.

해당 프로젝트는 인기 아트디렉터 사토 가시와를 기용한 것을 시작으로 독자적인 브랜드 로고 제작은 물론 인기 디자이너가 참여한 신상품 투입 및 미쓰코시 백화점과의 협업 등을 통해 국내 브랜드인 이마바리 타월의 뛰어난 품질력을 시장에 각인시켰다.

뒤이어 훼미리마트가 PB로 이마바리산 타월 손수건을 전국 매장에 진열하자 신기한 일이 벌어졌다. 옆에 놓인 저렴한 중국제 손수건보다 비싼 이마바리 타월이 압도적으로 많이 팔린 것이다. 편의점은 결코 '패션 아이템'을 사러 오는 곳이 아니다. 특히 잡화는 어디까지나 급할 때 찾는 품목이다. 그런데 왜 국산 브랜드가 팔렸을까?

이유 중 하나는 100엔이라는 가격 차에 있었다. 중국산도 500엔(세금 별도)인데 브랜드 제품인 이마바리 타월 손수건이 600엔(세금 별도)이었던 것이다. 손님들은 바로 거기서 '가성비'를 느꼈다.

2020년부터 퍼진 코로나19 바이러스의 영향도 있었다. 손 씻기 습관이 정착되면서 수건 쓸 일이 늘어났다. 거기다 필요하면 얼굴도 닦을 수 있는 타월 재질이라 조금 비싸더라도 사용감이 좋은 고품질의 이마바리 제품이 낫겠다는 구매 심리가 작용한 것으로 보인다.

2021년부터는 디자이너 오치아이 히로미치落合宏理와 공동 개발한 양말, 타월, 손수건 같은 편의점 웨어를 본격적으로 매장에 투입했다. 의류 부문 매출이 훼미리마트 전체에서 차지하는 비율이 높지 않은 상황에서도 손수건은 3년 반 만에 누적 판매 700만 장을 달성했다. 나아가 양말은 2,000만 켤레가 팔려 완전한 '훼미리마트의 얼굴'로 확실히 자리매김했다.

2024년에도 음악 이벤트 '후지록 페스티벌'과의 협업으로 제작한 타월과 손수건이 거의 완판을 기록했다. 인터넷 벼룩시장에서는 정가의 2배가 넘는 가격에 거래되기도 했다.

오치아이는 손수건을 '작은 미디어'라고 부른다. 후지록과 협업한 제품임을 한눈에 알아볼 수 있어 소유자의 개성을 보여주고 소통의 계기를 만들어 준다는 것이다. 편의점은 친근한 소비의 장이다. 그런 편의점을 매개로 예술성이 가미된 '일상의 멋'이 퍼져나간다면 매장의 부가가치도 높아질 것이다. 그렇다면 편의점에서 옷도 팔릴까? 훼미리마트의 실험은 계속된다.

타월 명산지에서 출하되는 다양한 디자인의 상품(에히메현 이마바리시 공장).

사장과의 인터뷰

훼미리마트 사장
호소미 겐스케

'영업·상품·마케팅'의 삼위일체로 히트상품을 만들다

호소미 겐스케

1986년 고베대학 경영학부 졸업 후, 이토추상사 입사. 오랜 기간 섬유 부문에서 일하다가 2017년에 집행임원으로 취임. 2021년 3월부터 현직.

Q. '훼미리마트 양말', '생 코페빵' 등 연이어 히트 상품이 나오고 있는데요. 2021년 3월에 사장으로 취임한 이후, 경영 방침을 어떻게 바꾸셨나요?

"아직은 좀 부족합니다. (사내) 협력이 원활하지 않아요. 특히 코로나19 팬데믹으로 3년간은 경영을 하기는 한 건지 잘 모르겠습니다. 이를테면 이 상품이 왜 맛있는지, 얼마나 열의를 담아 만들었는지 알려야 하는데 소비자와의 소통이 아직 약합니다. 자체 식음료 브랜드인 '훼미마루'도 맛에 대한 어필이 부족하고요."

Q. **무엇이 원인일까요?**

"저희는 합병을 여러 번 거듭하며 몸집을 키우긴 했지만, 각 회사의 문화를 존중했습니다. 일단은 합치고, 그런 다음 둘로 나눠서 일을 해 온 셈이죠. 그렇다 보니 목표설정은 뒷전이고 관리에만 힘을 썼어요. 판매가가 안정적이고 비즈니스 모델은 탄탄하니까 (사업 자체는) 그런대로 잘 굴러갔습니다. 대신 비즈니스 철학이나 구조를 가다듬지 못한 거죠. 그래도 최근 3년 동안 손을 대서 비즈니스 구조는 재정립했습니다."

Q. **구체적으로 어떻게 바꾸셨나요?**

"사장으로 취임한 지 이제 3년 반이지만, 그전부터 영업, 상품, 마케팅을 아우르는 이른바 영·상·마 연락회를 만들어 매주 모임을 열게 했습니다. 그랬더니 업무에 속도가 붙으면서 히트 상품이 나오더군요. 이런 활동을 각 지역으로 확대하려고 생각 중입니다."

"일례로 생 코페빵의 경우 원료 조달부터 판매 전략까지 사전 준비를 꼼꼼하게 진행했습니다. 코페빵은 우리 세대(60대)한테는 익숙하지만, 청년 세대한테는 약간 낯설게 느껴지죠. 그래서 이름을 생 코페빵이라고 지어서 리뉴얼 제품이라는 느낌을 강조했습니다."

Q. **양말도 반응이 좋았습니다.**

"이런 말 하면 욕먹을지 모르지만, 운이 좋았어요. 일용품 팀에서 긴급 수요 중심의 실용 의류도 디자이너랑 협업해서 한번 어필해 보자는 아이디어를 냈습니다. 이런 게 팔리겠냐는 소리도 들었지만, 저희 의견을 이해하고 팔아주겠다는 지역이 있더군요. 어딘가 봤더니 바로 오사카였습니다. 역시 의류는 오사카 쪽 반응이 뜨거우니까요."

"우선 오사카의 100개 점포를 돌며 콘셉트를 보여주고 실용 의류를 어떻게 리뉴얼할 건지 설명했습니다. 그렇게 해서 판매를 시작했더니 상품을 매개로 소통이 활발해지면서 제품이 빠르게 팔려나가더군요. 나중에는 '이게 왜 팔리지?' 하며 화제가 됐고 결과적으로 판매 지역도 넓어졌습니다. 코로나 때문에 의류 매장에도 갈 수 없던 시기라 근처 편의점에 괜찮은 디자인이 있으면 사보겠다는 분위기가 조성된 거겠죠."

"거기다 배우 기무라 타쿠야木村拓哉 씨가 인스타그램에 저희 양말을 신고 있는 모습을 올려줬어요. 신은 모습이 좀 애매해서 저희 제품인지 정확히 분간이 안 갔지만 맞는 것 같더군요. 어쨌든 그걸 계기로 판매에 불이 붙었습니다. 편의점에서 디자이너와 협업한 상품을 팔기 시작한 건 저희가 처음이지 싶습니다."

Q. 편의점은 포화 상태가 아니라고 하셨는데, 그렇다면 앞으로 어떤 모습으로 진화할까요?

"매일 1,500만 명의 손님이 구매 목적으로 편의점을 찾습니다. 그만큼 편의점은 뛰어난 파급력을 지닌 실물자산입니다. 디지털적인 시각으로 접근하면 오프라인 비즈니스를 이해하기 어렵죠. 그러나 반대로는 가능합니다. 점포를 디지털 접점으로 활용하면 다양한 서비스를 제공할 수 있습니다. (저출산 등으로) 이제 대형 점포망을 더 지을 수는 없습니다. 인터넷 판매는 배달 수수료가 오르고 있죠. 그런 측면에서 편의점의 활용도는 점차 높아질 겁니다."

9. 세븐일레븐, 인수 제안이 오기까지 격동의 15년

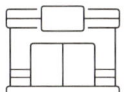

세븐일레븐에는 몇 차례 역사적 전환기가 있다. 1970년대 100호점을 달성한 창업기, 공공 요금 수납 서비스를 시작하고 세븐은행을 설립했던 1980년대부터 2000년대 초까지의 안정 성장기, 2000년대의 침체기, 2000년대 후반부터 이어진 재도약기, 카리스마 넘치는 경영자 스즈키 도시후미가 은퇴하고 24시간 영업 체제를 일부 재검토했던 성숙기, 그리고 코로나19 바이러스 확산에 따른 대응책과 세계화 전략에 집중했던 2020년대 이후.

특히 2024년 8월, 캐나다의 편의점 대기업이 세븐일레븐 재팬의 지주회사인 세븐앤드아이홀딩스에 인수 제안을 한 것은 역사적으로 커다란 전환점이 될 만한 일이었다. 참고로 현 세븐앤드아이홀딩스의 사장 이사카 류이치가 취임한 해는 2009년이었다. 그야말로 격동의 시기에 바통을 넘겨받았다.

이사카는 왜 세븐일레븐에 입사했을까? 구직 활동을 하던 무렵, 집 근처에 우연히 세븐일레븐이 문을 열었다. 당시에는 저녁 8시만 넘어도 거리는 대부분 어두컴컴해졌고 열려 있는 가게도 없었다. 그 와중에 세븐일레븐만은 밤늦게까지 환하게 불을 밝히고 있었는데, 당시로서는 참신했던 간판 디자인도 이사카의 눈에는 매력적으로 보였다.

그러던 어느 날, 가게 안을 들여다보니 다채롭고 재밌는 상품이 즐비한 데다, 바로 먹을 수 있는 식품도 많아 흥미가 생겼다고 한다. 거기다 취업 정보를 알아보던 중 세븐일레븐이 프랜차이즈 시스템이라는 새로운 경영 기법을

이사카 류이치
1980년 아오야마가쿠인대학 법학부 졸업 후, 세븐일레븐 재팬에 입사했다. 2009년 사장 겸 세븐앤드아이홀딩스 이사로 취임했고 2016년 5월부터 현직.

도입했다는 사실도 알게 됐다. 점포와 본사의 명확한 역할 분담을 통한 생산성 향상, 흥미로운 상품 구색을 보며 그는 세븐일레븐의 효율적인 비즈니스 모델과 높은 성장성을 알아봤고, 곧바로 입사 지원을 결정했다. 이제부터 이사카의 인터뷰를 바탕으로 격동기를 헤쳐온 세븐일레븐의 발자취를 살펴보자.

성공 체험이 걸림돌로

세븐일레븐은 1974년 1호점을 오픈한 이후 순조롭게 성장하다 2000년대에 접어들면서 기존 점포의 매출이 계속 감소하며 정체기를 맞았다.

"과거의 성공에 얽매이지 않고 변화에 대응해 왔다고 생각했습니다. 그러나 의식하지 못한 사이 우리는 성공 경험에 얽매여 있었어요. 고령자나 일하는 여성, 요리하지 않는 독신자가 늘면서 소매업의 실정도 달라졌고, 급기야 전국에 약 170만 개나 됐던 상점 수는 2009년 110만 개로 줄어들었습니다. 다만, 교외 지역에 대형 점포가 늘면서 소매점의 전체 판매 면적은 커지고 있었습니다.

즉, 먼 곳까지 쇼핑을 나가지 못하는 사람은 늘어나는데, 가까운 곳의 가게는 줄어든다는 역설이 일어나고 있던 것입니다. 그래서 판매 전략을 바꾸기로 했습니다. 주먹밥, 도시락 중심에서 냉동식품이나 반찬, 가공식품을 늘리고 동시에 매장 설계도 바꿨습니다. 자체상표PB인 세븐프리미엄도 출시했고(2007년), 유통기한이 긴 스탠딩 파우치 제품도 늘렸습니다."

'1엔 주먹밥'을 파는 매장도

이사카가 사장으로 취임한 2009년, 세븐일레븐은 공정거래위원회로부터 가맹점에서 실시 중인 할인 억제책을 철회하라는 명령을 받았다. 이로써 정가 판매 중심의 가격 정책은 분기점을 맞았다.

왜 이런 일이 일어났을까? 그 배경에는 편의점만의 경영 규칙이 자리하고 있었다. 편의점은 본부가 가맹점에 상표나 노하우, 시스템을 제공하고 가맹점은 이를 활용해 점포를 운영한다는 규칙을 전제로 하고 있다. 그리고 판매된 상품의 판매가에서 원가 등을 뺀 차익을 본부와 점포가 나눠 갖는 영리 분배 방식을 취한다.

예를 들어 주먹밥 같은 데일리 제품은 매입한 분량이 완판되면 본사도 가맹점도 돈을 번다. 그러나 팔다 남은 제품을 폐기하는 비용은 가맹점이 부담한다. 상품의 발주 권한은 가맹점에 있고, 따라서 팔지 못한 부분에 대해 본부의 책임은 없다는 논리에서다.

시장이 성장기였을 때는 이 같은 규칙이 아무 문제가 되지 않았다. 그러나 2000년대는 그야말로 정체기였다. 판매 부진에 시달리는 일부 가맹점이 폐기에 따른 손실을 피하고자 가격을 깎는 것도 당연한 처사였다. 심지어 '1엔'에 주먹밥을 파는 일도 벌어졌다.

"(2000년대 후반은) 매출 정체에 더해 운영 비용까지 올랐습니다. 가맹점은 수익성 압박으로 불만이 쌓여갔고, 설상가상 본사에서 할인 억제책까지 추진하면서 불만이 폭발하고 말았어요. 매장 운영 방식의 쇄신은 물론 새로운 기업 메시지도 필요했습니다. 그리히어 나온 것이 '가깝고 편리해'였습니다. 물리적·심리적으로 가까울 뿐만 아니라, 언제 가도 원하는 게 있다는 뜻입니다. 뻔한 말 같아도 깊은 의미가 있는 말로, 사내에서 논의를 거듭한 끝에 결정한 메시지입니다."

이 무렵 퍼지기 시작한 '푸드로스'라는 표현과 더불어 식품 폐기에 쏠리는 따가운 시선도 영향을 미쳤다. 세븐일레븐도 할 말이 없는 건 아니었지만, 사회 변화를 고려해 철회 명령을 받아들였고 도시락류의 폐기 손실분 중 일부를 부담하기로 했다.

가맹점의 불만도 일단 수그러들고 세븐프리미엄이 소비자 반응을 얻기 시작한 2010년 이후에서야 실적은 회복세로 돌아섰다. 세븐일레븐의 재도약에는 2011년에 발생한 동일본 대지진도 영향을 미쳤다. 로손, 훼미리마트와 출점 경쟁이 시작되면서 시장에는 해마다 1,000개에 달하는 매장이 문을 열었고, 세븐일레븐도 2018년에 점포 수 2만 개를 달성했다. 그러나 무리한 출점 경쟁은 오늘날 편의점 포화론을 부르는 결과를 낳기도 했다.

"2012년 여름부터 2017년 가을까지 기존 점포의 매출은 62개월 연속 전년 동월 대비 플러스를 기록했습니다. 다만 당시에는 남성 고객의 비율이 전체의 75퍼센트로 편중돼 있었죠. 아무래도 창가에서 남자가 서서 잡지 등을 읽고 있으면 여자 손님은 들어오기가 불편했습니다.

하지만 상품과 매장 구성을 바꾼 후부터는 이용하지 않던 손님도 방문해 보고 의외로 괜찮다는 인상을 받은 듯했

이사카 사장은 지난 15년간 여러 격랑을 헤쳐왔다

편의점 업계의 글로벌 경쟁이 치열해졌지

- 공정거래위원회의 할인 억제책 철회 명령
- '가깝고 편리해'로 캐치프레이즈 변경

캐나다 대형 소매업체의 인수 제안

미국 편의점 '스피드 웨이' 인수

국내 점포 수 2만 개 돌파

스즈키 도시후미 세븐앤드아이HD 회장 퇴임

코로나19 바이러스의 확산

동일본 대지진 발생

24시간 영업에 반발한 점주가 영업시간 단축

2009　11　13　15　17　19　21　23　24
(년)

본사가 폐기로 인한 손실분 중 일부를 부담

9. 세븐일레븐, 인수 제안이 오기까지 격동의 15년

습니다. 우리가 제시한 가치를 이해해 준 것이죠. 이제는 고객의 연령대별 비율도 인구 구성비에 가깝고 남녀 성비도 비슷해졌습니다.

기존 점포의 매출액이 오름세일 때 점포를 늘리는 게 맞겠다고 생각했습니다. 예상대로 새 점포를 내고서도 매출은 증가세를 유지했고 고객의 니즈에도 부응했다고 생각합니다."

내부 갈등과 비즈니스 모델 수정

그러나 2010년대 후반, 그룹은 여러 극심한 진통에 시달렸다. 2016년에는 일본의 세븐일레븐 창업자 스즈키 도시후미가 인사 논쟁 끝에 세븐앤드아이 회장직을 사임했고 그 자리를 이사카가 대신했다. 거기다 2019년에는 오사카부 히가시오사카시 지점의 점주가 24시간 영업을 중단하겠다며 본사와 소송을 벌였다. 기존 비즈니스 모델을 바꿔야 할 때였다.

"2019년에 벌어진 갈등은 2000년대와 마찬가지로 심각한 인력 부족과 그간 쌓인 점주의 불만이 도화선이 된 것이었습니다. 국소적 수준의 문제들이 있다는 얘기는 들었지만, 데이터상으로는 24시간 영업 자체를 재검토할 수준은 아니라고 판단했습니다. 다만 10년 주기로 같은 문제가 불거지고 있는 만큼, 재발하지 않도록 우리 스스로 더 각성해야 한다는 생각이 절실해졌습니다.

히가시오사카 문제를 계기로 세븐일레븐의 사장을 교체하고, 현장과의 긴밀한 소통을 위해 친목회를 열거나 지구별로 스터디 그룹을 여는 등 불만의 목소리를 듣기 위해 노력하고 있습니다. 일례로 좋은 상품이 나와도 금세 발주 제한이 걸린다는 의견이 있었는데, 이것이 국소적인 문제인지 회사 전반의 문제인지를 정확히 분간하는 게 가맹점 비즈니스의 핵심입니다."

코로나19 바이러스의 확산도 편의점 업계를 크게 뒤흔들었다. 집에 머무는 생활이 순풍으로 작용할 줄 알았지만, 결과는 정반대였다. 사실 편의점은 외출형 비즈니스 모델이다. 결국 기존 점포의 매출은 전년 대비 마이너스로 돌아섰고, 2021년에는 세븐프리미엄의 매출도 처음으로 전년 실적을 밑돌았다.

종합 반성회를 개최하다

　세븐일레븐 재도약의 일등 공신이었던 PB의 매출이 주춤하자, 그룹은 크게 요동쳤다. 세븐프리미엄은 약 570개의 제조사와 협업하고 있으며, 2020년도에는 1조 4,600억 엔(약 13조 6,900억 원)의 매출을 기록해 PB로는 일본에서 최고 실적을 거뒀다. 2021년도에는 1조 4,800억 엔을 예상했지만, 매출은 생각만큼 나오지 않았다.

　2021년 10월, 세븐앤드아이홀딩스는 약 80개 사의 식품 제조사에 돌연 소집을 요청했다. 그룹의 이례적인 행보에 제조사는 긴장했다. 세븐프리미엄을 담당하는 세븐앤드아이 상무집행임원 이시바시 세이이치로石橋誠一郎 외에 그룹사인 세븐일레븐 재팬, 이토요카도, 슈퍼마켓 요쿠Yok의 상품 담당자가 참석했다. PB 발안자인 요쿠 베니마루의 오타카 젠코 회장도 이름을 올렸다.

　소집 대상은 2020년도와 2021년도에 매출이 떨어진 세븐프리미엄 제품의 제조사였다. 까다로운 요청 사항이 나올 거라 예상했던 것과 달리 소집 내용은 정반대였다. 세븐앤드아이홀딩스는 "코로나19로 인한 소통 부족까지 겹쳐 단품별 매출 감소 요인을 충분히 검증하지 못했습니다"라고 상황을 설명했다. 그러고는 여러 상품을 대상으로 검증한 결과를 보여주며 향후 하나씩 대책을 실시하겠다는 취지의 설명을 이어갔다. 소집은 일종의 '종합 반성회'였던 것이다.

출시 이후 순조롭게 성장하던 세븐프리미엄의 매출이 왜 마이너스로 돌아섰을까? 이유는 코로나19 팬데믹이 몰고 온 소비 변화에 발 빠르게 대응하지 못했던 탓이다. 여러 그룹사 중 세븐프리미엄의 최대 판매자는 편의점인 세븐일레븐 재팬이었다. 그렇다 보니 주로 1인이나 2인 가구를 타깃으로 한 소용량 제품을 많이 기획했다. 그러나 코로나19 이후, 소비자들이 주로 찾은 것은 대용량 제품이나 여러 제품이 들어간 멀티팩이었다.

원래 같으면 매출은 2020년에 마이너스로 돌아섰어야 했다. 다만 갑작스레 재택 생활을 하는 가구가 늘면서 제조사의 내셔널 브랜드(NB) 제품이 부족해져 대체재로 PB의 수요가 올라가는 바람에 매출이 올랐던 것뿐이다.

용량도 용량이지만 다양한 맛을 원하는 소비자 요구에 제대로 부응하지 못했다. 이를테면 조미료는 와사비나 겨자 맛이 중심이었으나, 재택 기간이 길어지면서 '차조기 맛' 등의 매출이 급증했다. 그러나 세븐프리미엄에는 그런 상품이 없어 커버하지 못하는 영역이 커졌다.

"그룹사 중에 슈퍼마켓도 있어서 수요 변화는 이미 데이터에 나타나 있었습니다. 그러나 기존 세븐프리미엄의 연장선상에서만 상품을 개발하는 바람에 소비자의 니즈와 어긋나고 말았습니다."(이시바시 상무 집행임원)

애당초 일본의 PB는 저가격 중심의 양판점에서 출시하는 유명 대기업 제품의 염가 버전이 주를 이루고 있었다. 광고비가 들지 않아 이익률이 높고 브랜드 인지도를 높이는 효과도 있었기 때문이다. 이에 이온도 2025년까지 PB 매출을 지금의 두 배인 2조 엔까지 올리겠다는 방침을 세우는 등 유통사마다 서둘러 PB를 확대하는 데 골몰했다.

다시 PB를 생각하다

유럽이나 미국은 소매업의 과점화로 유통 업체가 강력한 구매력을 갖춘 덕에 PB 개발이 어렵지 않다. 그러나 일본은 이온이나 세븐처럼 업계 1, 2위를 다투는 소매업체의 점유율도 작은 편이다. 게다가 제조사도 많고 PB라고는 해도 딱히 NB와 다를 게 없어 독자성이 부족하다.

세븐프리미엄의 매출 감소도 이런 점에 기인했다. 품목을 늘리는 데 급급했던 탓에 포지셔닝이 모호해졌다. 예를 들어 캔 음료나 스낵 과자 같은 품목은 NB로도 충분한데 일부러 PB를 만들었다는 느낌이 든다. "온통 PB뿐이라 물건을 고르는 즐거움이 줄었다"는 견해도 많았다.

이에 세븐일레븐은 품목 줄이기에 나섰고, 총 8퍼센트를 없앴다. "다시금 PB란 무엇인가?"(이시바시)를 생각하며 질과 가격 관점에서 다시 만들겠다는 것이다. 이때 전제가 되는 것이 뉴노멀이었다. 일본 내 코로나 감염자 수는 줄었지만, 원격 근무 등 새롭게 자리 잡은 생활양식도 수요 변화에 적지 않은 영향을 미쳤다. 이사카는 당시 상황을 어떻게 해석했을까?

"그 당시 소비자들은 외출 자제령으로 외식은 못 했지만, 여전히 맛있는 요리를 원했습니다. 그러나 집밥 레시피로는 한계가 있었죠. 그룹에서 잘 나가는 제품을 조사해보니 이토요카도에서는 유명 태국 식당 '망고트리 카페'의 가파오라이스라는 볶음밥이 하루에 100개씩 팔리고 있었습니다. 반면에 세븐일레븐에서 파는 유명 맛집 제품이라고는 유럽식 비프카레밖에 없었어요. 이에 당장 맛집에서 검수받은 카레 상품을 늘렸습니다.

외출 제한령이 끝나도 계속 예전 방식으로 개발했다면 매출은 떨어질 게 뻔했죠. 과거를 돌이켜보면서 많은 걸 깨달았습니다. 변화가 오기 전에 한 박자 먼저 그 변화를 깨닫는 사람이 경영의 달인입니다. 지금의 인플레이션 국면도 마찬가지예요. 비용 상승분을 판매가에 반영한다 해도, 계속 그랬다가는 합리적 가격을 유지할 수 없습니다. 생산성을 높여 비용을 어디까지 흡수할 수 있을지 원가 계산을 정확히 하는 것이 급선무입니다."

세븐일레븐 재팬이 홋카이도에서 배송 서비스 '7NOW' 한정으로 출시한 튀김 상품.

다양한 상품과 합리적 가격의 양립

인플레이션, 디지털 전환, 인구 감소, 건강 중시 경향, 소비 욕구의 세분화 등 편의점을 둘러싼 환경은 점점 가혹해지고 있다. 업그레이드가 필요한 시기인 것이다.

"소상권화가 진행 중이라고 봅니다. 소상권화는 한 곳에서 쇼핑을 끝내려는 소비 행태를 가리킵니다. 이에 일용 잡화 품목으로 100엔 숍인 다이소 제품을 들였는데, 반응이 좋았습니다. 보통 키친 타월이나 쓰레기봉투 같은 소모품은 저렴한 제품을 선호하는데, 우리가 거기까지 다 커버할 수는 없어요.

변화에 꾸준히 대응하려면 작은 실험을 자주 시도하는 것도 중요합니다. 좁은 지역에서 실험을 진행하면, 실패해도 경험이 남습니다. 최근 들이 주먹밥이나 빵 등 유통기한이 길지 않은 프레시 푸드의 매출이 떨어지길래, 시범적으로 홋카이도 매장에 한성해 주믹밥과 빵의 가격을 낮춰봤습니다. 평소 같으면 세일 제품만 팔리는데, 이번에는 다른 상품의 구색도 늘렸더니 1인당 구매하는 가짓수가 늘어났습니다. 이처럼 다양한 상품과 합리적 가격을 양립하면 원스톱 쇼핑이 가능해집니다."

"그리고 갓 만든 음식의 반응이 좋습니다. 카레 빵은 놀라우리만치 시장에 제대로 안착했고, 이어서 크로켓이나 닭튀김, 갓 구운 빵도 출시했습니다. 슈퍼마켓은 사서 식탁에 앉을 때까지 시간이 꽤 걸리지만, 편의점은 10분이면 됩니다.

이제는 매출액 상위 20개 품목 중 10개가 갓 만든 음식입니다. 여기에 7NOW라는 배송 서비스를 결합했어요. e커머스와 음식 배달 서비스 우버를 섞은 모델로, 프로복서 이노우에 나오야井上尚弥처럼 최대한 소비자 생활권 가까이에서 경쟁하는 게 이상적입니다."

세계화와 현지화

세븐일레븐에는 두 가지 성장 전략이 있다. 국내 시장에서 고객에게 더 가까이 다가가는 방안과 광범위한 세계 시장에서 고객을 만나는 전략이 그것이다. 코로나19가 한창일 때 세븐앤드아이홀딩스는 2조 엔(약 18조 8,000억 원)이 넘는 자본을 들여 미국 스피드웨이를 인수하면서 세계 시장 진출에 박차를 가했다. 그러나 역으로 캐나다 업체로부터 인수를 제의받는 등 냉엄한 '통과의례'도 거쳐야 했다.

"세계화라고 해도 현지화는 필수입니다. 표준적인 상품을 전 세계에 공급하는 맥도날드나 스타벅스와는 다르죠. 현지에 어떤 니즈와 경향이 있는지 알아보고, 적합한 가격과 상품 구성을 뽑아내야 합니다. 가장 중요한 건 맛과 품질입니다. 이걸 지키려면 일본식 공급망 구축은 필수입니다.

최근에도 하와이에서 공급망 연구회를 열어 인도, 베트남, 말레이시아의 현지 총수들을 모았습니다. 일본형 모델은 해외에서 뿌리내리기 어렵다는 인식이 있었으나, 지금은 하와이가 앞장서서 일본형 모델을 도입 중이며, 베트남이나 말레이시아에도 퍼지기 시작했습니다. 말레이시아에는 신공장이 들어서면서 프레시 푸드의 비중이 3퍼센트에서 20퍼센트까지 늘어났고, 전체 매출도 1.5배 증가했습니다. 일본형 모델의 글로벌 전개는 순조로울 것 같습니다."

난기류를 통과하듯 격동기를 온몸으로 겪어 낸 이사카. 스즈키 도시후미가 쌓아 올린 세븐일레븐의 토대를 이어받아 글로벌 전개로 경영의 방향을 크게 튼 장본인은 분명 이사카다. 참고로 미국에서는 일본과 같은 점포 확대는 기대하기 어려워서 인수·합병M&A이 아니면 세력권을 넓힐 수가 없다. 이사카는 2020년까지 40건 이상의 M&A를 추진하며 점포 수를 약 3,300개 늘렸고, 2021년에는 2조 엔이 넘는 금액을 투자해 미국 스피드웨이를 인수하며 3,900개의 점포를 추가했다.

특히 미국 스피드웨이를 향한 집념은 강했다. 2020년에 독점 교섭을 추진하다 한번 포기했지만, 결국 같은 해 8월에 세븐일레븐으로 인수가 결정됐다. 덕분에 점포 수에서 2위 브랜드와 두 배 이상 격차를 벌렸다. 경영난에 빠진 미국 본사의 경영권을 취득해 회생시킨 세븐일레븐 재팬. 당시 그들은 양과 질을 모두 잡은 일본식 편의점 모델이 세계를 석권하는 날을 꿈꾸며 자신감에 차 있었을 것이다.

이제 그들은 세계 시장의 '자본 게임'에 완전히 몸을 내던졌다. 그룹에서는 자연히 백화점이나 슈퍼마켓을 분리하라거나 이사를 퇴임시켜야 한다는 식의 '외압'이 늘어갔다. 그리고 2024년 8월에는 인수·합병 제의까지 받는다. 50년 동안 자기만의 길을 닦아온 세븐일레븐이 미지의 세계에 들어선 것이다.

10.
편의점의 아버지,
스즈키 도시후미에게 묻다

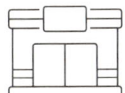

세븐앤드아이홀딩스의 핵심 기업 세븐일레븐 재팬이 1호점을 개업한 지 50년이 흘렀다. 캐나다에서 동종업을 전개하는 알리멘타시옹쿠시타르가 세븐앤드아이홀딩스에 인수 제안을 하는 등 편의점 업계는 글로벌 유통 전쟁의 최전선이 됐다.

미국 태생의 편의점을 다양해지는 소비 성향에 맞게 재

스즈키 도시후미 세븐앤드아이 명예 고문.

10. 편의점의 아버지, 스즈키 도시후미에게 묻다

편해 편의점 시대의 '중흥기'를 이끈 장본인은 세븐일레븐 재팬의 아버지인 스즈키 도시후미 세븐앤드아이 명예 고문이다. 그의 경영 철학과 지향점은 무엇일까? 인터뷰를 통해 스즈키 명예 고문의 발자취를 따라가 봤다.

반대를 자양분으로 삼다

2016년 세븐앤드아이홀딩스 회장직에서 물러난 스즈키를 도쿄 지요다구 기오이초에 자리한 호텔 뉴 오타니의 사무동에 있는 그의 집무실에서 만났다. 2024년 8월 29일, '세븐일레븐 창립 50주년'을 주제로 인터뷰를 시작하면서 우선 지난 50년을 돌아봤을 때 유독 기억에 남는 일이 무엇인지 물었다. 그는 이렇게 회고했다.

"주위에서 반대했던 초창기가 생각납니다. 미국과 달리 일본에는 상점가가 있어서 이런 작은 가게가 될 리 없다는 소릴 많이 들었어요. 그래서 당시 업무 개발 담당 시미즈 히데오와 일본에서 편의점을 성공시킬 방안을 놓고 수도 없이 의논하며 만든 게 이 세븐일레븐이었습니다."

늘 주위에서는 반대했다. 스즈키가 입버릇처럼 했던

말이다. 세븐일레븐을 일본에 도입하고 운영 방식을 세울 때, 이후 은행을 설립하고 품질 중심의 자체상표PB를 개발했을 때 등 반대는 늘 있었다. 그러나 스즈키는 오히려 주위의 반대를 자양분 삼아 편견의 벽을 깨부숴 왔다. 다른 이들은 눈앞에 닥친 현실만 보고 판단하는 데 반해 스즈키는 현실을 바라보며 근미래 관점에서 앞으로 어떻게 바뀔 것인가를 생각했다.

'단품 관리'의 개념

스즈키의 사고법은 어떻게 길러졌을까? 그는 이토요카도에 입사하기 전 몸담았던 대형 출판 중개사인 토한TOHAN에서 배웠다고 말했다.

"스스로 구상하고 이렇게 저렇게 시도해 보는 과정의 연속이었습니다. 가설을 세우고 검증하는 것이죠. 토한에 있을 때부터 통계학과 심리학을 공부했는데, 그게 요긴했습니다."

즉, 디지털에 가까운 데이터와 아날로그에 가까운 대중 심리를 살피며 세상의 변화를 포착했다는 것이다. 그는 영업이나 매입 같은 실무 경험이 없었기 때문에, 반대로 고객의 관점에 서서 최상의 만족도를 제공할 방법을 고민하며 세븐일레븐을 키웠다.

그 대표적인 모델이 '단품 관리'였다. 스즈키가 《니혼게이자이신문》에 연재한 기고문 〈나의 이력서〉에는 점포 수가 300개가 넘어가고 상품 품목이 3,000개에 달했던 창업 4년 차의 일화가 나온다. 당시 스즈키는 체인점으로는 세계 최초였던 발주 시스템을 구상했고, 발주 기기를 만들어 줄 대형 전자기기 제조사를 찾아 일일이 업체를 방문했다. 그러나 업체에서는 하나같이 난색을 보였다.

그나마 긍정적인 반응을 보인 곳이 NEC였다. 그들은 발주 시스템의 향후 성장성을 내다보고 저비용·초단기 납품이라는 까다로운 요구도 받아주었다. 그리하여 1978년 발주 단말기 '터미널 세븐'을 전 가맹점에 도입했고, 이어서 판매시점정보관리시스템POS도 구축하기 시작했다.

단품 관리는 무엇보다 미래 예측이 중요하다. 하지만 데이터는 어디까지나 과거의 실적에 불과하다. 내일의 날씨, 기온, 지역 행사 등 다양한 선행 정보를 바탕으로 고객의 심리를 읽고 무엇이 팔릴지 가설을 세워 발주한 뒤, 그 결과를 POS로 검증한다. 이렇게 가설과 검증을 반복하며 상품 부족으로 인한 기회 손실과 잉여 상품으로 인한 로스를 최소화하는 것이 바로 단품 관리다. 세븐일레븐은 본사는 물론 점포에도 이 단품 관리 개념을 철저히 주입한 덕에 강력한 성장 기반을 구축할 수 있었다.

세상의 불편함에 도전한 은행 설립

세간의 상식이 아닌 '고객의 관점'에서 생각한다. 스즈키는 이 원칙을 철저히 지켜왔다. 일례로 세븐일레븐의 역사에서 빼놓을 수 없는 것이 은행 설립이다. 2021년 스즈키에게 직접 들은 은행 설립 경위를 여기에 풀어놓으려 한다.

2001년 세븐앤드아이홀딩스의 계열사로 처음 포문을 연 세븐은행은 이젠 ATM으로는 대형 은행을 합진 것보다 많은 설치 대수를 자랑하며 독특한 비즈니스 모델이자 가깝고 편리한 은행으로 완전히 자리매김했다.

스즈키가 세븐일레븐 점포에 ATM 설치를 지시한 것은 1997년이었다. 노무라종합연구소가 1만 명을 대상으로 실시한 설문 조사에서 "편의점에 ATM이 있으면 좋겠다"라는 요청이 있었던 것이 스즈키를 움직였다.

> **세븐은행**
> 세븐일레븐이 편의점 업계 최초로 타업종인 금융업에 도전해 설립한 은행으로, 2001년 '아이와이뱅크 은행'이란 이름으로 시작해 2005년 상호를 변경했다. 막강한 집객력을 바탕으로 점포 이용자와 기존 은행으로부터 받는 ATM 수수료가 최대 수익원이다.

Q. 처음에는 은행 도입에 반대도 많았다고 들었어요.

"저는 늘 다른 데서 하지 않는 일이나, 세상의 불편을 해소하는 일에 도전했습니다. 주거래 은행이었던 사쿠라 은행의 당시 오카다 아키시게岡田明重 행장은 은행이란 게 그리 간단치 않다고, 거기다 실패하면 다들 우리에게 책임을 물을 테니 안 하는 게 낫다고 말했죠. 그의 염려는 고맙게 생각합니다. 하지만 은행은 주말이면 쉬는 데다 평일에도 오후 3시면 문을 닫아 영 불편합니다. 실패할 수도 있지만, 해볼 만하다고 생각했습니다."

처음에는 시중 은행 4곳과 손잡고 'ATM 공동 운용사'를 설립하는 방안을 추진했다. 하지만 공동 운용사는 설치 점포를 은행이 결정하는 등 세븐일레븐이 신규 서비스를 개발하는 데 걸림돌이 많았다. 그래서 1999년 자기자본으로 은행을 설립하는 쪽으로 방향을 틀었다.

Q. 공동 운용사 건은 얘기가 잘 진척되지 않았던 모양이네요?

"은행은 기존 발상의 연장선에서 밖에 생각하지 못했습니다. 은행가는 '은행이란 이런 것이다'라는 전문가적 발상에 사로잡히기 쉽죠. 딱히 은행의 구습을 타파하려던 것은 아니었고, 그저 이용자에게 참신하고 편리한 서비스를 제공하고 싶었을 뿐입니다. 이미 24시간형 생활 사이클이 시작되던 시기였으니까요. 새로운 변화에 어떻게 대응하느냐가 경영입니다."

당시 총리였던 하시모토 류타로橋本龍太郎가 1996년 금융 자유화를 도입한 덕에 규제 완화의 길은 열려 있었다. 최종적으로 세븐일레븐은 금융청 등과 교섭 창구가 돼 줄 백업 은행으로 산와은행三和銀行과 손잡았고, 2001년 4월 '아이와이뱅크은행(현 세븐은행)'을 설립했다.

Q. 처음에는 일본채권신용은행(현 아오조라 은행)을 매수

할 계획이셨죠?

"아무래도 아예 처음부터 만드는 건 힘들 것 같아서 일본채권신용은행의 자회사를 인수하려고 했는데, 5년은 걸린다는 게 아니겠습니까? 그렇게 오래 기다릴 순 없어서 내가 해보기로 한 겁니다."

Q. 왜 백업 은행을 주거래 은행이 아닌 산와 은행으로 정하셨나요?

"담당자가 도쿄 미쓰비시 등 여러 은행과 협상을 했지만, 하나같이 자기 입장만 강변했습니다. 일반 소비자 입장은 생각하지 않았죠. 우리도 시대에 맞는 새로운 서비스를 제공하고 싶었을 뿐, 은행 입장은 생각하지 않았고 알지도 못했죠. 유일하게 산와 은행만 우리 생각에 관심을 보였고 대화가 통했습니다."

Q. 초대 사장으로 일본은행 출신 안자이 다카시安斎隆 씨를 기용한 것도 같은 이유인가요?

"그는 유연한 사람이었습니다. 면접도 몇 명 봤는데, '은행이란 이런 것이다'라는 사고방식에 얽매여 있는 사람이 많았습니다. 안자이 씨가 사장직을 수락해

준 덕에 큰 짐을 덜었습니다."

Q. 흑자 전환에 대해서는 어떻게 예상하셨나요?

"처음엔 7년쯤 걸릴 줄 알았는데, 결과적으로 3년 만에 흑자가 났습니다. ATM기기도 대당 200만 엔대(당시 시세는 800만 엔대)에 납품받기로 NEC와 합의를 봤습니다. 은행은 모든 서비스를 만점짜리로 제공해야 직성이 풀리는 건지 온갖 기능을 다 집어넣는데, 우리는 현금 출납만 가능하면 됐습니다."

Q. 오픈 당시, 현장에는 어떤 지시를 내렸나요?

"어디까지나 성공 여부는 매장의 역량에 달렸다고 말했습니다. 소매업은 현장 서비스가 점포에 대한 고객의 충성도를 높입니다. 따라서 기본을 철저히 시키라고 했습니다. 돈이든 도시락이든 주먹밥이든 다 똑같습니다. 질을 높이면 양도 늘어납니다."

은행업이든 소매업이든 출판업이든 경영인으로서 스즈키의 자세는 똑같았다. 과거에 구애받지 않는 것, '변화 대응'과 '선제적 도전'이 필승으로 가는 지름길이다.

Q. **스즈키 씨는 하는 걸 왜 다른 회사는 못 할까요?**

"짧게 정리하자면, 빅데이터에 얽매이기 때문입니다. 빅데이터는 과거의 경험을 보여줄 뿐이죠. 편의점을 시작할 때도 마찬가지였습니다. 다이에의 나카우치 이사오도 세존 그룹의 쓰쓰미 세이지 같은 유통업에 정통한 사람도 처음에는 반대했습니다. 다들 빅데이터로 판단해서 그렇죠. 중요한 건 지금의 소비자들이 어떠한지, 앞으로 어떻게 될 것인지를 생각하는 것입니다.

저는 원체 유통 쪽은 아마추어였기 때문에 '유통이란 이런 것'이라는 개념이 없었습니다. 그보다는 '이러면 좋아하지 않을까'라는 식으로 생각했습니다. 지금도 편의점의 점포당 하루 평균 매출은 세븐일레븐이 66만 엔(2023년도에는 69만 1,000엔)으로 단연 최고입니다. 2위와의 격차도 좁혀지지 않고 있죠. 신기하기는 하지만, 앞서간다는 건 그런 겁니다."

Q. **무조건 고객 만족부터 생각하시는군요.**

"상사商社의 경우, 협력 관계를 생각하면 미쓰이 물산三井物産과 하는 게 맞겠지만, 적합한 안이 있으면 이토추 상사에 부탁하기도 했습니다. 꼭 이래야 한다는 식으로 생각하지 않습니다. 관계에만 얽매여서는 안 됩니다."

Q. 만약 본인한테 은행을 경영해 달라는 의뢰가 오면 어떻게 하시겠습니까?

"다들 '은행이 왜 저렇게 변했지?' 하는 은행으로 만들지 않을까요?"(웃음)

세븐일레븐의 본가, 사우스랜드를 재건하다

사실, 은행 설립 전에 스즈키는 큰 숙제 하나를 떠안고 있었다. 순조롭게 성장을 이어가던 세븐일레븐 재팬과 달리 1980년대 후반부터 경영 악화에 시달리던 사우스랜드가 스즈키에게 미국 세븐일레븐을 재건해달라고 부탁해 온 것이다. 당시 스즈키는 어떤 심경이었을까?

"곤란한 상황이라고 하니 뭐라도 해 봐야겠다는 생각이었습니다." 스즈키는 사우스랜드의 인수를 진두지휘하며 단품 관리를 주축으로 한 일본식 편의점 모델을 미국에 심기 시작했다.

필요하면 화를 내서라도 단호하게 경영시스템을 바꿔 나갔다. 우선 매장의 상품 구색은 제조사나 도매상이 아닌 점포가 주도적으로 판단해 발주하는 방식으로 변경했다. 샌드위치 등도 일본에서처럼 제조사와 공동으로 상품을 개발하는 팀 머천다이징MD 방식을 적용했고, 이를 위해 전용 공장과 공동 배송 센터도 만들었다. 그의 거침없는 행보에 '허리케인 스즈키'라는 별명도 얻었다. 그에게 별명에 관해 묻자 "뭔 소린가 싶었죠"라며 쓴웃음을 지었다.

실은 시세이도資生堂의 우오타니 마사히코魚谷雅彦 회장도 미국 세븐일레븐 재건에 관여했다. 그가 미국의 식품 대기업 크래프트 푸드Kraft Foods의 일본 법인 부사장을 지내던 시절, 세븐일레븐 재팬에서 미국 점포에 샌드위치를 공급해 달라는 요청을 받은 것이다.

그러나 샌드위치 공급에는 공장을 비롯한 큰 투자가 수반됐다. 우오타니는 세븐일레븐, 사우스랜드 등과 손잡고 크래프트 푸드의 수장과 협상에 들어갔다. 여러 제조사가 팀을 이뤄 하나의 상품을 개발·생산하는 방식에 관해 설명했지만, 상대는 황당해했다. "우리는 치즈 제조사인데 왜 케이터링까지 맡아야 합니까"라는 식의 반응이었다.

이에 크래프트의 중견 사원을 일본에 보내 세븐일레븐

의 거래처 공장이나 점포를 둘러보게 했다. 일본의 촘촘한 공급망에 감동한 사원은 자기가 본 그대로 보고를 올렸고, 협상은 그제야 진척을 보였다. 세븐일레븐과의 거래 확대 가능성까지 내다본 크래프트 측은 결국 공장 설립에 나섰고, 곧이어 다른 제조사도 움직이기 시작했다. 분명 세븐일레븐은 거기까지 다 예상했을 것이다.

우오타니는 "일본 소매업이 미국에서 활약하는 데 일조하게 된 건 명예로운 일"이었다며 당시를 회상했다. 후에 시세이도의 회장직에서 물러나기로 한 우오타니는 2024년 가을, 스즈키를 찾아가 미국에서 일으킨 편의점 혁명에 관해 열띤 대화를 나눴다고 한다.

캐나다 기업의 인수 제안

위기를 극복한 미국 세븐일레븐은 이후에도 인수·합병M&A을 거듭하며 북미 유수의 기업으로 떠올랐다. 그러나 2024년 8월, 한 동종기업이 세븐일레븐에 인수 제안을 해왔다. 이에 관해 스즈키에게 묻자, "보통 그런 식으로 손을 뻗어 온다는 건 손쉬운 상대로 보였다는 뜻입니다. 저는 오히려 저쪽을 쉬운 상대로 봤지만요"이라는 답이 돌아왔다.

이에 향후 세계적으로 편의점 쟁탈전이 벌어질 것 같냐고 묻자, 그는 "그런 생각은 안 했습니다. 그저 내가 이상적이라고 여기는 모습에 가까워지고 싶었을 뿐입니다. 그런데 언제부턴가 일본이 세븐일레븐의 중심이 돼 있긴 했어요. 미국 쪽에도 입김이 세졌습니다"라며 뿌듯해했다.

캐나다 쪽에서 인수를 제의해 온 건 우려스럽지 않냐고 물으니 "걱정한들 소용없습니다. 신경은 쓰이지만, (퇴임 후에는) 여태껏 현 경영진한테 뭐가 이상하다거나 이렇게 하라거나 하는 소리는 한 번도 한 적이 없습니다"라며 담담한 반응을 보였다.

편의점의 아버지이자 카리스마 넘치는 지도자였던 스즈키가 지휘하던 시절에는 지금과는 다른 긴장감이 있었다. 이를테면 임원 시식회에서 스즈키는 본인의 입맛에 맞지 않으면 판매를 중지시켰다. "미각에 자신이 있었나요?"라는 질문에 그는 "스스로 인정할 수 없는 건 식품이든 잡지든 전부 다시 만들게 했습니다. 내 감각을 믿고 그렇게 했죠. 소금 라면을 시식하다 제품 60개를 모두 버린 적도 있습니다. 이걸로는 안 된다고 하고 전부 폐기했어요."

부하 직원이 아까우니 회사에서 먹자고 했지만 "회사 직원한테 맛없는 걸 먹여도 되겠느냐며 다 버리게 했습니다. 스스로 인정할 수 없는 건 전부 안 되고, 남에게 권해서도 안 돼요. 스스로 인정할 수 있을 때까지 개선하도록 했습니다. 감각의 문제, 이것만큼은 양보할 수 없었습니다."

이에 "미국 편의점 음식은 맛이 없었나요?"라고 묻자 "미국에서 따 온 건 없습니다. 간판과 시스템 정도? 흉내 내는 건 싫었어요. 일본에서도 타사를 흉내 낸 건 없습니다. 내가 인정할 수 있느냐 없느냐가 중요했습니다"라며 일관적인 대답을 내놨다.

실은 아카기 유업赤城乳業의 인기 아이스크림 '가리가리군'도 2014년에 폐기 소동을 겪은 적이 있다. 가리가리군은 일명 '충격의 맛 시리즈'의 일환으로 스튜 맛, 콘 스프 맛 등을 선보이며 선풍적인 인기를 끈 제품이다. 그런데 3탄으로 내놓은 나폴리탄 맛에 예상 밖의 반응이 나왔다.

어디선가 '맛없다'라는 클레임이 들어왔고, 급기야 나폴리탄 맛은 세븐일레븐에서 철수하기에 이르렀다. 지금이야 '놀아봅시다'가 기업 슬로건인 아카기 유업다운 에피소드쯤으로 들리겠지만, 당시 마케팅 담당자는 일본 최대 편의점의 행동력에 간담이 서늘해졌다고 한다.

최고의 기술로 최고의 상품을

스즈키라는 벽은 세븐일레븐에 철저한 단품 관리는 물론 쉽게 타협하지 않는 제조 정신을 심어주었다. 실은 세븐앤드아이홀딩스의 사장인 이사카 류이치도 스즈키의 벽에 몇 번이나 부딪히며 쓰디쓴 경험을 해야 했다. 1990년대 말, 이사카 사장은 그해에 출시할 중화풍 냉라멘을 스즈키에게 제안했다가 몇 번이고 거절을 당했다. 세어보니 총 11번이었다.

점포에서는 3월부터는 팔아야 한다는 요청이 들어왔다. 다급해진 이사카가 스즈키에게 "가장 맛있게 먹은 중화 요리점이 어디입니까?" 하고 물으니, 스즈키는 도쿄 진보초의 어느 가게 이름을 댔다. 이사카는 원료 공급 업체를 비롯한 제조 팀을 데리고 그곳을 찾아가 중화풍 냉라멘을 주문했다.

맛은 확실히 좋았다. 하지만 이 식감을 내려면 정성적인 감각을 반드시 정량화해야 했다. 특히 면의 탄성과 경도의 균형을 맞추는 게 중요했다. 이사카 팀은 거듭된 시도 끝에 진보초 가게에서 파는 것과 비슷한 제품을 완성했고 가까스로 스즈키의 승인을 얻어 매장에 진열할 수 있었다.

이사카는 이렇게 술회했다. "벤치마크 할 대상을 정하고 그걸 목표로 개발하는 방식을 스즈키 명예 고문한테 배웠다." 참고로 현재 세븐일레븐에서 파는 중화풍 냉라멘은 당시의 제조법에 바탕을 두고 있다고 한다.

스즈키는 늘 닛신식품 HD의 사장 안도 고키安藤宏基나 산토리 HDサントリーホールディングス의 회장 사지 노부타다佐治信忠 등에게 이렇게 말했다. "최고의 기술로 최고의 상품을 만들어 주십시오. 가격은 따지지 않겠습니다." 맛있는 것을 향한 열정. 이것은 이토요카도의 창업자인 고故 이토 마사토시도 마찬가지였다. 여기서 세븐일레븐이 말하는 '맛있는 맛'이란 무엇일까? 고급 음식점에서 파는 독특한 맛은 절대 아니다. 만인이 맛있다고 느끼며 계속 먹게 되는 맛, 그게 바로 세븐일레븐이 추구하는 맛이다.

본론에서 살짝 벗어나지만, 뉴욕에서 저널리스드로 활동하는 톰 밴더빌트Tom Vanderbilt의 저서 《취향의 탄생You May Also Like》에는 이런 표현이 있다. "먹었던 기억이 희미할수록 그만큼 질리지 않는다." 반대로 유명 맛집에서 먹은 음식 맛은 기억에 또렷이 남는다. 즉, 많은 사람이 찾는 일상적인 음식이 되려면 너무 맛있지도, 너무 맛없지도 않은 미묘한 수준의 맛을 제공해야 한다는 것이다.

덧붙여 닛신식품 HD日清食品ホールディングス의 안도 사장도 저서 《컵누들을 박살내라!カップヌードルをぶっつぶせ!》에서 비슷한 말을 했다. "창업자인 안도 모모후쿠安藤百福는 항상 이렇게 말했다. '식품은 너무 맛있으면 안 된다. 조금 아쉬운 듯해야 재구매로 이어진다.'"

이는 세븐일레븐 PB인 세븐프리미엄과 세븐프리미엄 골드에 담긴 맛의 철학과도 일맥상통하는 주장이다. 개인적으로는 2013년에 출시한 황금 식빵을 보며 놀랐다. 보통은 제조사가 기존 제품을 고급화하는 전략을 쓰는데, 황금 식빵은 소매업체 주도로 고부가가치 시장을 개척한 이례적인 경우였기 때문이다.

세븐일레븐은 당시 성장세에 다시 불이 붙으며 황금 시리즈나 세븐카페 등을 히트시켰다. 그렇게 세븐 그룹이 편의점을 바탕으로 백화점과 슈퍼마켓, 전문점을 아우르는 종합 생활 유통 기업으로 거듭나던 시절, 스즈키의 경영 인생도 절정을 맞이했다. 자신감으로 무장한 그는 이런 거침없는 발언도 했다. "다이에가 대량 생산 시대의 가격 파괴자라면, 품질력을 추구하는 세븐일레븐이야말로 현시대의 가격 파괴자입니다."

도전하지 않으면 버림받는다

스즈키는 2016년 회장직에서 물러났지만, 세븐일레븐은 2018년에 점포 수 2만 개를 달성한 데 이어, 2019년에는 오키나와에도 진출했다. 다시 2024년 8월의 인터뷰로 돌아와서 그의 근황과 경영인으로서의 마음가짐 등을 들어보자.

Q. **세븐일레븐 점포가 일본에서 2만 개를 돌파했습니다. 가장 큰 이유는 무엇일까요?**

"그럴싸하게 말하면 앞을 내다보고 다가올 변화에 잘 맞춘 겁니다. 흉내 내지 않고 세상의 변화에 어떻게 맞출지 고민했기 때문이죠. 변화는 내가 만드는 게 아닙니나. 사회를 다양한 시각으로 바라보는 게 중요합니다."

Q. **사람을 좋아하십니까?**

"어려서부터 무대 공포증이 있었습니다. 초등학생 때 집에서는 잘만 읽던 책도 학교에서 읽어보라고 시키면 잘 못 읽었어요. 소심했던 것 같습니다. 그래도 남의 말을 듣기보다는 스스로 생각했습니다. 결국 내가 수긍할 수 있느냐가 중요했습니다."

Q. 2016년까지 회장직을 맡으셨는데요, 편의점은 완성됐다고 보십니까?

"그런 건 별로 생각하지 않았습니다. 내 생각에 확신이 있는지 없는지가 중요합니다. 미국 임원 회의에서도 상대편이 이해했는가에 중점을 뒀습니다. 이해할 때까지 계속 설명하기도 했어요. 일본에서도 마찬가지였습니다."

Q. 요즘에도 세븐일레븐에 가십니까?

"집 근처에 매장이 있으니까요. 보통 세븐일레븐에서 파는 상품 품목은 정해져 있고, 대체로 맛있습니다. 왜 이런 걸 파나 싶은 제품도 있지만, 지금의 경영 방식에 일일이 토를 달지는 않습니다."

Q. 지금의 세상을 어떻게 보시나요?

"좀 더 개개인이 개성을 드러냈으면 좋겠습니다. 도전 의식이 부족하달까요. 세븐일레븐뿐만 아니라 뭐가 됐든 말이죠. 저는 전부 도전이었습니다. 다들 새로운 걸 원합니다. 남 흉내 낸 게 아니라."

Q. **기본을 철저히 지키라는 말을 많이 합니다. 그런 면에서 지금의 편의점을 어떻게 보십니까?**

"기본이 튼튼하면 계속 갑니다. 기본이 뭐냐면, 모두에게 공감을 얻는 겁니다. 지금의 세븐일레븐은 도전의식이 점점 시들해지고 있습니다."

Q. **도전하지 않으면 결국 다른 기업에 합병되고 마는 걸까요?**

"도전하지 않으면 고객한테 버림받습니다. 회사의 가치도 떨어집니다. 이토요카도도 그렇고 다 똑같습니다."

회사 대표는 최고의 홍보요원이어야 한다

Q. **요즘 취미는 무엇입니까?**

"골프는 그만뒀습니다. 취미라. 그런 건 별로 생각

해 본 적이 없습니다. 식욕은 평범합니다. 현역 때 같지는 않지만요. 요즘은 매일 아침 수영장에서 30분씩 걷습니다. 수영장에서는 헤엄치는 것보다 걷는 게 건강에 좋습니다."

Q. 스즈키 씨는 현역 시절, 종종 홍보부에 내려오셨죠?

"옛날에는 매일 갔습니다. 저녁이면 홍보부에 가서 신문을 읽었는데, 그러면서 홍보 관련 얘기를 듣기도 했습니다. 나만큼 홍보부에 자주 드나들던 대표도 없었을 거에요. 회사의 대표는 최고의 홍보요원이어야 합니다."

스즈키도 이제 91세다. 예전 같은 유연한 말솜씨는 아니었지만, 이번 인터뷰에서는 '스스로 인정할 수 있는가' '도전하고 있는가'가 기업 경영이나 세계화 전략의 요점이라는 말을 몇 번이고 반복했다. 캐나다 기업이 건넨 인수 제안의 향방은 예견할 수 없지만, 독자적으로 경쟁력을 계속 높이는 것 외에 세븐앤드아이홀딩스의 기업가치를 높일 방안은 없다.

'회사 대표는 홍보요원이 되라'라는 스즈키의 말에도

실은 깊은 뜻이 담겨있다. 경영자는 부하한테 지시를 내린다. 그리고 담당자가 가져오는 정보와 분석을 중시한다. 하지만 그렇게만 해서는 어느 순간 '벌거벗은 임금님'이 되어 시대의 흐름에서 소외될 수 있다. 스즈키가 홍보부를 자주 찾은 것은 짐작할 수 없는 다양한 외부의 정보나 의견을 접하며 세상이 늘 바뀐다는 사실을 피부로 느끼겠다는 의식이 강했기 때문이다.

과거 일본의 제과 회사 가루비Calbee의 회장을 맡았던 마쓰모토 아키라松本晃도 비슷한 생각이었다. 소매점을 돌며 사회 분위기를 체감하는 데 우선순위를 뒀던 인물답게 그도 회사로 출근하는 일이 적었다고 한다.

스즈키는 무엇보다 보통 사람들의 생각이나 소비자 심리 및 행동을 파악하려고 애썼다. 지금도 세븐앤드아이홀딩스에는 스즈키의 다양한 금언과 거기서 파생된 소위 '세븐이즘'으로 가득하다. 이쯤에서 그중 일부를 살펴보자.

스즈키 명예회장의 '세븐이즘'

맛있는 것일수록 금방 질린다

매우 역설적인 표현이지만 맛있으면 자주 먹게 되고 그러다 보면 물리게 마련이다. 이에 세븐일레븐에서는 연간 약 70퍼센트의 상품을 교체한다. 주먹밥이나 도시락 등 데일리 상품은 연 1회를 기준으로 리뉴얼된다.

단품 관리의 3요소

3요소란 매장, 고객, 상품을 말한다. 즉 소비 경향이나 날씨, 지역별 니즈 등 다양한 요소를 통합적으로 고려해 발주하라는 뜻이다. 스즈키는 가설과 검증의 반복을 계속 강조했는데, 여기서 가설이란 '팔겠다는 의사意思'다.

계절이나 기온보다 기호가 먼저 바뀐다

가령 중화풍 냉라멘이 대표적이다. 3월이면 일본은 삼한사온으로 기온이 요동친다. 15도였던 기온이 다음날 20도로 올라가거나, 반대로 떨어지거나 한다. 사실 20도라도 아직은 썰렁한데 상대적으로 덥게 느껴지다 보니 슬슬 냉라멘이 생각나기도 한다. 유통업자라면 이런 변화를 놓쳐서는 안 된다는 뜻이다.

스타킹을 산 사람은 갈아신을 곳도 원한다

세븐일레븐 화장실에는 옷을 갈아입을 수 있는 체인지 보드(발판)가 마련된 경우가 있다. 일례로 스타킹에 올이 나갔을 때, 심하지 않다면 내버려 두겠지만 체인지 보드가 있으면 새 스타킹을 살 가능성이 올라간다. 물건이 아니라 서비스를 팔겠다는 의식도 중요하다.

가격을 3단계로 나누면 중간 가격이 가장 잘 팔린다

가격이 높은 상품과 낮은 상품이 있으면 사람들은 망설이다 결국 낮은 쪽을 택하게 마련이다. 그러나 선택지를 3개로 늘리면 심리적으로 적당한 중간 가격대를 고르기 쉽다. 쇼핑이란 고르는 재미를 맛보는 것. 절묘한 상품 구색이 매장의 인기를 높이는 비결이기도 하다.

후지산 형, 차통형, 연필형

이는 소비 사이클이 바뀌는 속도를 말한다. 후지산 형 히트 상품은 판매량이 완만하게 상승하며 정상을 향해 가다 천천히 정점을 지나는 유형을 말한다.

차통茶筒형은 금세 팔리기 시작해 정점에 이른 뒤, 한동안 유행이 지속되다가 싫증 나면 단번에 판매량이 떨어지는 패턴이다.

마지막 연필형은 일단 인기를 얻으면 역시나 매출은 급상승하지만, 정점 구간이 펜촉처럼 순식간에 지나가고 이후에는 매출이 급감한다. 디지털 소비 시대의 전형적인 특징이라고 할 수 있다. 스즈키는 대표적인 연필형 소비 패턴을 보이는 아이템으로 황금 식빵을 들었다.

황금 식빵은 맛있어서 싫증도 금방 난다. 그래서인지 간판 상품일수록 보통 판촉에 주력하기 마련인데, 스즈키는 즉시 리뉴얼에 착수하라는 지시를 내렸다고 한다. 그 결과 황금 식빵은 누적 판매량 약 1억 6,000만 개를 기록하며 스테디셀러 제품으로 등극했다.

이는 스즈키만의 다양한 마케팅 이론을 적용한 결과라 할 수 있다. 통계 데이터와 소비자 심리, 변화와 생성을 반복하는 사회에 대한 탐색. 이 모든 게 모여 지금의 세븐일레븐을 일궈 냈다.

11.
세이코 마트, 지역과 상생하는 '공동 쇠퇴' 전략

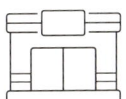

세븐일레븐 재팬, 로손, 훼미리마트 3사가 시장의 90퍼센트를 점유하는 편의점 업계는 각종 인수·합병과 치열한 출점 경쟁으로 과점 상태다. 그 와중에 독자 노선을 걷는 곳이 있으니, 바로 홋카이도의 세코마secoma(삿포로시)가 운영하는 세이코 마트Seicomart다.

내수 시장의 성장은 줄고 글로벌 경쟁은 치열해지는 가운데, 세코마는 굳이 표현하자면 세븐일레븐과는 정반대의 전략을 취한다. 그런 세코마의 세계관을 아카오 히로아키赤尾洋昭 사장의 인터뷰를 중심으로 전한다.

홋카이도 인구보다 많은 카드 회원 보유

세코마는 1971년에 설립된 편의점 체인으로 세븐일

레븐보다 3년 선배다. '일본의 현존하는 가장 오래된 편의점'이라고도 불린다. 홋카이도를 사업 본거지로 삼아 이곳에서만 약 1,200개의 매장을 운영 중인데, 도내 179개의 시읍면 대부분에 매장이 있어 현지 인구의 99.8 퍼센트를 커버하고 있으며 하루 방문객은 약 56만 명에 달한다. 2000년에는 편의점 최초로 '클럽 카드'라는 회원제를 시작했는데, 현재까지 회원 수는 약 560만 명으로 홋카이도 인구보다 많다.

세코마의 전신은 도매상 마루요니시오丸ヨ西尾였다. 이곳에서 영업을 담당했던 아카오 아키히코赤尾昭彦가 대형 마트의 성장으로 자영업이 위축될 것을 내다보고, 주류 판매점의 근대화를 목표로 편의점 사업에 진출했다. 일개 회사원이 편의점을 별도의 사업부로 키웠다는 성장 과정만 보면, 이토요카도의 임원이었던 스즈키 도시후미의 주도로 설립된 세븐일레븐 재팬과 닮아있다. 이후 세코마는 세븐일레븐과는 다른 길을 걷는데, 자세한 내용은 나중에 소개하겠다. 참고로 세이코 마트의 어원은 '성공'이라고 한다.

세이코 마트는 독자적인 방식으로 점포를 운영해왔다

1971년	삿포로에 1호점 오픈
1981년	홋카이도 내 100호점 달성
1987년	사이타마현 진출
1988년	이바라키현 진출
1994년	홋카이도 내 500호점 달성
	매장 내 조리 서비스 '소바벤테이' 개시
2000년	리신토利尻島라는 섬에 매장 오픈, 회원제 '클럽 카드' 개시
2004년	서일본 지역 철수
2010년	홋카이도 내 1000호점 달성, 600개 점포에 '핫셰프' 도입
2016년	사명을 세이코 마트에서 세코마로 변경
2020년	창업자 장남 아카오 히로아키 사장 취임
2023년	JR 동일본 그룹 기업과 협정 체결 (지역 특산품의 상호 판매 및 개발 목적)

- そば弁亭, '메밀국수 도시락을 파는 가게'라는 뜻으로, 이후 '핫셰프'로 명칭을 변경했다.

위기의식이 낳은 독자 모델

Q 가장 오래된 편의점으로서 자부심이 있나요?

"별로 없습니다(웃음). 1990년대에는 편의점 브랜드가 전국에 200개쯤 됐는데, 지금은 10개 정도밖에 안 됩니다. 거기서 살아남은 건 다행이라고 생각합니다. 독자성을 내세운 게 생존 비결인 것 같습니다. 1970년대 후반부터 세븐일레븐이나 로손, 썬 체인(후에 로손과 합병)이 홋카이도에 진출하면서 위기의식이 생겼습니다.

당시에는 제조사도 규모가 큰 전국 체인을 우선시해서 우린 물건 매입도 힘들었습니다. 그러니 큰 체인과 똑같은 방식으로 운영하기는 힘들겠다고 생각했을 겁니다. (세이코의 창업자인) 아버지는 밤이면 불안해서 연일 잠도 제대로 못 주무셨다고 들었습니다."

식품 도매상이 모체였던 세코마는 식품 공장 23곳, 농장 7곳, 수산 가공 업체 등을 거느리며 홋카이도 전역에 공급망을 구축했다. 채소는 4분의 1을 자비로 커버했다.

물류망도 독자적으로 구축해서 전체 매출 중 자체상표 PB가 차지하는 비율이 (담배를 제외하면) 약 50퍼센트에 달할 만큼 높다. 더불어 일본에서도 영국처럼 소매업의 집약화가 진행될 것을 예견하고는 위기감을 느껴 전국 체인과는 차별화된 운영 모델을 구축했다.

아카오 히로아키
1999년 히토쓰바시대학 상학부 졸업,
2004년 세이코 마트(현 세코마) 입사.
2006년 이사, 2016년 부사장을 거쳐
2020년부터 사장으로 재직

100점짜리 상품보다 질리지 않는 상품을

세이코 마드에 들어서면 일단 온갖 반찬으로 눈이 휘둥그레진다. 1994년에 시작한 매장 내 조리 서비스 '핫셰프' 코너에는 닭튀김과 돈가스 덮밥, 달걀덮밥 등이 빼곡히 진열돼 있고 1인용 파스타, 홋카이도 특산물, 와인 등 일용품부터 기념품까지 다양한 상품이 준비돼 있다.

Q 상품을 만들 때 무엇에 주안점을 두십니까?

"일상적으로 쓰는 제품이라 품질 평준화가 필수입니다. 80점으로 설계했으면 쭉 80점짜리 제품이 나오는 게 중요하지, 한 번씩 100점짜리가 나오는 건 NG입니다. 매일 먹는 음식이라 집밥에 가까운 맛을 내려고 간은 싱겁게 맞춥니다. 다른 소매점에서는 임팩트 있는 첫인상을 중시하는데, 세코마는 반대로 임팩트는 약하되 질리지 않은 제품을 만드는 데 주력합니다.

상품팀 바이어들의 역할이 정말 컸습니다. 일례로 중화요리를 좋아하는 바이어는 일부러 조리 학교에서 요리를 배우거나 졸업생이 차린 가게를 찾아 돌아다닙니다. 홋카이도에 취직할 만한 곳이 한정된 탓인지 홋카이도 대학 이과 출신자가 찾아오기도 합니다. 덕분에 인재가 풍부해요. 여기서만 누릴 수 있는 혜택입니다.

기본적으로 식품은 마루타니 도모야스丸谷智保 회장님 담당이고, 나는 시제품에 트집이나 잡는 정도입니다(웃음). 중요한 건 경험이니 자잘한 실수는 하는 게 좋습니다. 물론 제가 좀 예민하기는 해요. 한번은 상품팀에서 기획한 매콤 마파두부가 고객이 먹기에 너무 맵게 출시돼 클레임이 들어오기도 했는데, 이게 또 재구매율은 높은 거에요. 시식할 때 '어우, 맛없어'와 '이거 좋은데'의 미묘한 차이를 잘 구분해야 합니다."

Q 편의점의 경영 환경이 급변하고 있는데요, 시급해 해결해야 할 경영 과제는 무엇입니까?

"인플레이션 때문인지 가격과 비용 변동이 큽니다. 경영 계획을 세울 때, 예전 같으면 전기세나 원료비, 인건비는 고정돼 있었습니다. 반대로 지금은 이런 항목의 변동이 상품 내용물에 미치는 영향이 큽니다. 아무래도 체감 물가가 중요하다 보니 안 팔리는 상품이 늘기도

'핫셰프' 매대에는 도시락이나 튀김 등 각종 반찬이 빼곡히 진열돼 있다.

세이코 마트는 대형 편의점 업체와는 다른 강점이 있다

99.8 퍼센트 — 홋카이도 인구 커버율
홋카이도 인구를 웃도는 560만 명 규모의 회원 수.

약 50 퍼센트 — PB 매출 비중
식품이나 수산 가공품 거점 및 농장 소유, 우유 등은 다른 지역으로 공급해 수익 창출.

80점 — 상품 제작
'80점짜리 제품을 설계해 80점짜리 제품을 만든다.'
강한 임팩트나 100점짜리 품질력에 치중하지 않는다.

약 80 퍼센트 — 1,191개 점포 중 직영점 비율
(2024년 8월 말 기준)
창업자는 도매상, 주류 판매점의 근대화를 목표로 편의점 개발.

9년 연속 1위 — 일본판 고객만족도 지수 편의점 부문
(서비스산업 생산성 협의회 조사)
접객 서비스의 자동화로 '고객 방문 유도'
상품팀 바이어도 전문 분야를 갖도록 육성.

하고 대체 원료를 구할 방안도 찾아야 합니다.

홋카이도에도 할인점 로피아LOPIA가 진출하면서 현지 슈퍼마켓은 시장 동향을 예의주시하고 있습니다. 세코마도 매장 내 조리 서비스인 핫셰프는 괜찮지만, 음료 같은 품목은 영향을 받을 겁니다."

Q **가격 외에는 어떻게 대응할 생각입니까?**

"오리지널 상품을 강화할 생각입니다. 홋카이도의 특징을 살려서 산지와 결합한 상품을 늘리는 거죠. 도내에서도 '어디 산지의 제품'이라고 하면 해당 지역에서 잘 팔립니다. 일본 전체적으로도 상품을 판매하고 개발할 때 산지를 강조하는 움직임이 뚜렷합니다. 미국이나 영국에서도 로컬을 전면에 내세우는 경우가 늘고 있고요."

홋카이도는 일본에서도 인구 감소가 급속히 진행 중인 지역이다. 이에 지역의 성장과 활력을 유지하기 위해 고민하다 나온 방안이 이른바 타 지역으로의 '수출'이다. 2024년에는 우유, 아이스크림, 사와* 같은 식품을 다른 지역에 팔아 약 80억 엔(약 751억 원) 상당의 매출을 올렸다.

* 일본식 칵테일의 일종

원래 도매상이었던 이력을 살려 2015년 도쿄에 사무실을 내고 팔기 시작했는데 특히 홋카이도 도요토미초의 우유가 큰 인기를 끌어서 지금은 주문이 다 찼다고 한다. 앞으로도 연간 10억~15억 엔씩 판매량을 늘릴 방침이다.

세이코 그룹 산하의 '호쿠에 팜'이 운영하는 감자 밭(홋카이도 교고쿠초).

지역 인프라 점포로 살아남는 '공동 쇠퇴'

세코마와 세븐일레븐은 창업 과정이 비슷하고, 원재료를 발굴해 제품을 만드는 상품 정책도 같다. 그러나 다른 측면에서 보면 반대되는 전략이 눈에 띈다. 세븐일레븐의 모회사가 미국의 동종 대기업을 인수하는 등 세계화를 지향하는 데 반해, 세코마는 어디까지나 지역 및 점포와의 상생 추구라는 자세로 일관하고 있다.

대형 편의점 3사의 점포가 프랜차이즈 중심인 반면, 세코마는 직영점 전환을 추진해 현재 전체 매장 중 직영점 비율이 약 80퍼센트에 달한다. 점포 하나로는 해결할 수 없는 지역 과제가 많아 공생을 통한 생존을 지향하게 된 것이다. 이에 홋카이도의 인구 감소 방안도 '지역 살리기'가 아닌 '지역 남기기' 등으로 바꿔 표현하고 있다.

Q 앞으로는 어떤 성장 전략으로 대응할 생각이십니까?

"도심지를 중심으로 100여 개 점포는 더 낼 수 있습니다. 그렇게 홋카이도에서 점포 수 1,200개가 달성되면 지방의 인구 감소 추세에 맞춰 점포를 통폐합하면서 줄여갈 계획입니다. 언제까지 성장을 추구해야 하는지 잘 모르겠지만, 일단은 고객과 직원, 거래처의 원만한 공생에 주안점을 둘 생각입니다.

물론 점포 등 재투자에 필요한 이익 확보는 필수입니다. 이른바 '함께 쇠퇴하는 것'이랄까요. 공생이 아니라 '공쇠'죠. 지역이 맞닥뜨린 현실을 정면으로 마주한다면 쇠퇴 속도도 늦출 수 있다는 뜻입니다."

세이코마트는 홋카이도의 여러 지역과 결합한 상품도 늘리고 있다.

그 어느 때보다 지역에 깊숙이 침투하다

'공쇠'라는 표현이 부정적으로 들리겠지만 그 어느 때보다 더 깊이 지역 안으로 들어가겠다는 뜻이다. 세코마의 마루타니 회장은 2023년 《니혼게이자이신문》 석간 칼럼에 이렇게 적었다.

"2050년 홋카이도의 예상 인구는 374만 명이다. 실질적으로 상권 인구가 28퍼센트나 줄어드는 셈이다. … 홋카이도에서 인구가 가장 적은 오토이넷푸 마을은 662명이다. 보통 편의점이 생기려면 적어도 인구가 3,000명은 돼야 한다는데, 그 4분의 1도 안 되는 곳에 세이코 마트가 있다. 인구는 오픈 당시와 비교해 절반으로 줄었지만, 지금도 굳건히 운영을 유지하면서 지역의 생활 인프라로 기능하고 있다.

실제로 시장은 매우 깊다. 상권은 그 땅 위에 사는 인구의 많고 적음이 아니라 얼마나 그 시장에 깊이 침투했느냐에 따라 달라진다. 500만 도민이 매일 매장을 방문하면 연간 방문객은 18억 명이 넘는다. 18억이면 중국 인구보다 많은 수치다. 시장은 2차원이 아니라, 3차원이다. 좁은 시장이라도 파고들면 깊어진다. 해외로 확대하는 전략도 훌륭하지만, 마이크로나노급 세계라도 확대 가능성은 무궁무진하다."

마루타니 도모야스 세코마 회장

얽히고설킨 합리성과 비합리성

확실히 인력 부족은 고민스러운 문제다. 앞으로는 처우 개선 방안의 마련은 물론 인력 고용 자체가 힘들어질 것이다. 그럼에도 세코마는 할 수 있을 때까지 접객과 오프라인 점포, 점원 고용을 고집할 생각이다. 이유는 아카오 사장의 말처럼 고객은 '접객을 사러 오기' 때문이며 점원과 고객이 주고받는 날씨 얘기나 인사에도 돈에는 담기지 않는 소중한 가치가 있기 때문이다. 이쯤에서 다시 아카오 사장의 인터뷰로 돌아가자.

Q 세코마가 생각하는 미래의 편의점이란 무엇입니까?

"당분간은 지금의 형태로 운영될 겁니다. 2020년에는 물류비용이 저렴했지만, 이젠 무료배송도 유지하기 힘듭니다. 그러면 앞으로 온라인 판매가 늘어야 얼마나 늘겠습니까? 배송비가 붙는다면 싸다는 이유로 전부 인터넷으로 사게 되지는 않을 겁니다. 거기다 자율주행 등이 실용화되면 물류나 소매 분야에서 일대 혁명이 일어날지도 모릅니다. 그런 상황도 염두에 둘 필요가 있습니다."

원래 미국 편의점도 지역 주민의 요구를 수용하는 과정에서 탄생한 로컬 소매점이었다. 그러다 1970년대 이후, 백화점과 슈퍼마켓에 이어 편의점이 새로운 소매업태로 떠오르며 전 세계로 퍼져나갔다. 2024년에는 세븐일레븐을 두고 쟁탈전이 일어나는 등 세계화에도 속도가 붙었다.

반면에 세이코 마트 같은 초로컬리즘을 추구하는 움직임도 슈퍼마켓을 포함한 소매업계에서 뚜렷해지고 있다. e커머스를 비롯한 다양한 소비 채널은 물론 편리함과 가격, 친숙함, 의식 변화 등 합리성과 비합리성이 얽히고설키면서 생활 인프라 경제권을 둘러싼 패권 다툼도 다양하게 변모할 것이다.

에필로그

'경영학의 아버지'라고도 불렸던 피터 드러커 Peter Ferdinand Drucker는 1980년대부터 1990년대에 걸쳐 몇 번인가 이토요카도 본사를 방문해 사장 이토 마사토시 등과 친분을 다진 인물이다. 1990년에 열린 '새로운 현실의 도래'라는 제목의 강연에서는 이런 말도 했다.

"이토요카도 그룹이 존경스러운 건 소매업의 주류에서 밀려나던 개인 상점을 소매업의 주류로 끌어들일 방법을 제시했기 때문입니다. 이는 위대한 사회혁명이나 다름없습니다."

이는 두말할 것도 없이 이토요카도의 자회사였던 편의점 '세븐일레븐 재팬'에 보내는 찬사였다. 이토와 편의점의 아버지라고 불렸던 스즈키 도시후미는 보나 마나 매우 흐뭇했을 것이다. 그날 이후 30년도 더 지난 2023년에는 세븐일레븐 재팬 창립 50주년을 축하하는 기념행사가 열렸다. 사장 나가마쓰 후미히코가 차세대 점포 등에 관한 구상을 발표했고 행사 후 열린 친목회에서는 세븐일레븐 재팬의 창업자인 스즈키 도시후미가 "세계로 뻗어나가 주길 바란다"라는 덕담을 건넸다. 행사는 '아카사카 매장의 고객'임을 자처하는 기시다 후미오岸田文雄 전 일본 총리를 포함해 약 700명이 참석한 가운데 훈훈한 분위기에서 진행됐다.

이듬해인 2024년에는 1호점 오픈 50주년을 맞이해 요코하마시에서 점주인 야마모토 겐지의 기자 회견이 열리기도 했다. 추억을 얘기하며 눈물을 글썽이는 그의 모습에서 매장을 지역 인프라로 키우기까지 선구자로서 겪어야 했을 고생이 오롯이 느껴졌다.

세븐일레븐이 여기까지 성장할 수 있었던 건 기업의 노력도 있겠지만, 해외에 커다란 본보기가 있었다는 점과 정치적·사회적 협조가 있었다는 점도 부정할 수 없다. 호세이 대학法政大学의 야하기 도시유키矢作敏行 명예교수는 저서 《커머스의 흥망사コマースの興亡史》에서 "쓸모없는 미국 모델을 일본에서 독자적으로 바꾼 것은 자신들이라고 주장한다. 그러나 미국에서 배운 점도 절대 적지 않다는 것만은

짚어두고 싶다"라고 썼다.

상표, 편의점 운영 콘셉트, 프랜차이즈 회계 방식, 선도 관리, 상품 구색은 경영을 이루는 기둥인데 일본의 편의점 또한 그 모든 걸 미국에서 배운, 영락없는 캐치업 전략의 산물이라는 것이다.

어쨌든 일본 기업이 미국형 모델을 '번역'해 자국에 절묘하게 정착시킨 것은 맞다. 거기에 다양한 규제가 편의점의 성장을 뒷받침했다. 우선은 대형 점포의 출점 규제다. 정부는 1974년 중소 영세 소매점을 지키기 위해 대규모 소매 점포법(대점법)을 시행했다. 이에 힘입어 소매업체는 '중소 소매점의 활성화 및 근대화'와 '상생'이라는 목표로 편의점 경영에 나섰다.

이렇듯 편의점은 규제 강화를 역이용해 탄생했다. 그러나 1990년대부터는 규제 완화가 순풍으로 작용했다. 대표적으로 주류와 쌀을 들 수 있다. 대형 점포나 체인점에서도 판매가 수월해지면서 많은 주류 판매점과 쌀가게가 편의점으로 업종을 바꿔 생산자와 소비자를 끌어들였다. 1990년대 말에는 판매 가능 품목에 에너지 음료가 추가됐고 2002년에는 은행법 개정으로 세븐은행이 출범했다. 피터 드러커의 말처럼 편의점이 상점을 재탄생시키는 시대가 열린 것이다.

물론 경제적·사회적 수요도 한몫했다. 지금은 친숙한 전기나 가스요금 수납 서비스, 그리고 1980년대에 빠르게 자리 잡은 24시간 영업을 떠올려 보자. 당시 일본은 전성기를 구가하는 기업이나 다름없었고, 에너지 드링크 '리게인'의 광고처럼 '24시간 달릴 수 있는' 상태였다. 이에 편의점도 도시락이나 반찬 등 주력 상품을 중심으로 24시간 공급 체제를 완성했다.

잠시 주춤하는 듯했던 2000년대에도 규제의 도움을 받았다. 바로 담배였다. 2008년에 담배 자판기용 성인 식별 카드 타스포가 도입되면서 개인정보 등록을 꺼리던 흡연 고객이 단번에 편의점으로 몰려들었다. 그 덕에 약 15퍼센트에 불과했던 담배의 매출 비중이 5년 만에 25퍼센트를 넘어섰다. 당시 편의점 업계 4위였던 서클K 선쿠스는 담배 매출 비중이 30퍼센트가 넘어 "담배 가게랑 다를 게 뭐냐"는 비아냥을 들이야 했다.

일본 편의점의 역사를 되돌아보면 규제개혁과 사회·경제적 변화에 대한 대응이 성장의 밑거름이 됐음을 알 수 있다.

하지만 순풍도 몇 었고 최근 국내에서는 확대 일변도에

서 벗어나 지속성을 중시하는 쪽으로 경영의 방향을 바꾸려는 움직임이 일고 있다. 체인 경영은 저렴하고 풍부한 노동력이 있어야 성장할 수 있다. 그러나 인력난이 심각해지면서 가맹점주의 근로 방식도 개혁이 필요한 상황이다. 규제 변화를 순풍 삼아 성장했지만, 앞으로는 폐기물 감축이나 환경 대책 등 사회적 규제에 따른 부담이 커질 것이다. 실제로 심야 근무 단축이나 고령화에 따른 아침형 인간의 증가로 24시간 영업의 필요성도 줄어드는 추세다. 세븐일레븐을 향해 찬사를 아끼지 않았던 피터 드러커의 지적대로 '새로운 현실'이 펼쳐지고 있다.

시장이 포화 상태가 될지는 아직 알 수 없다. 다만 대기업 3사를 보면 전례 없는 상황에 직면한 것은 분명하다. 2024년 8월, 세븐일레븐의 지주회사 세븐앤드아이홀딩스에 캐나다 편의점 대기업의 인수 제안이 들어왔다는 소식은 충격이었다. 막 세계 시장 진출을 꾀하던 타이밍에 들어온 인수 제안은 내수 시장 침체가 한 요인이었다.

업계 2위 이하는 이미 예상했다는 듯 단기 성장 전략 차원에서 구조 개혁에 나서고 있다. 훼미리마트는 2020년 이토추상사의 완전 자회사가 됐고, 로손도 2024년 8월 KDDI로부터 50퍼센트 출자를 받고 미쓰비시 상사와의 공동 경영 체제로 전환했다.

2024년 9월 18일, 3사는 기자 회견을 열고 차세대 편의점 구축을 위해 디지털 전환(DX)에 돌입한다고 선언했다. 구체적으로는 KDDI가 보유한 통신 기술 등을 이용해 편의점의 점포 운영에 드는 작업 시간을 2030년도에는 기존 대비 30퍼센트 줄이는 방안 등을 골자로 하고 있다.

"인력난이 진행 중인 만큼 점포 운영이나 업무 최적화는 시급한 과제다" 로손 사장 다케마스 사다노부가 강조한 말이다. 그간 종업원이 직접 하던 업무를 로봇 등으로 대체할 수 있게 하겠다는 것이다. 이를테면 음료수를 매대에 진열하는 상품 진열용 로봇이나 방문객이 전용 앱으로 상품의 바코드를 읽히면 결제까지 완료되는 스마트폰 계산대를 고려 중이라고 한다.

지나치게 근 미래적인 느낌도 없지 않지만, 과거의 연장선상에서 편의점 경영을 논할 수 없게 된 것은 맞다. 50년 전처럼 상식을 깨기 위한 싸움이 시작된 듯하다.

맺음말

일확천금을 꿈꾸며 편의점 사업에 뛰어든 점주나 사업가, 장래성을 보고 입사한 사원, 기술력을 인정받아 거래 제안을 받은 농가, 인기 식품을 만드는 공장, 물류의 최전선 …. 이렇게 수많은 관계자와 인터뷰를 진행하고, 기자이자 편집위원이자 닛케이 MJ 편집장으로서 취재를 거듭한 끝에 《편의점의 진화》라는 한 권의 책을 완성했다. 취재 요청에 응해 귀중한 시간과 정보, 생각을 공유해 주신 모든 분께 지면을 빌려 감사의 마음을 전한다.

이 맺음말을 쓰고 있는 지금도 다양한 이들이 편의점이라는 거대한 인프라를 움직이며 소비 경제를 지탱하고 있다. 기계처럼 돌아가는 정확한 시스템의 이면에 수없이 존재하는 현실감 넘치는 노동 현장도 직접 목격했다. 상상했던 것보다 '사람의 품이 많이 드는 비즈니스'였다. 관련 종

사자에게 재차 경의를 표하고 싶다.

세븐일레븐 재팬, 로손, 훼미리마트가 이끄는 편의점은 커다란 전기를 맞고 있다. 과거와 같은 출점 경쟁은 잦아들었고 로손과 훼미리마트는 상장폐지 수순을 밟았다. 세븐일레븐도 글로벌 인수전에 휘말렸다. 적어도 국내 편의점 시장은 정체기에 접어들어 다음 단계로 넘어가고 있다.

저출산·고령화와 지역의 인구 감소에 대항해 편의점은 어떤 역할을 해야 할까? 무인화는 진행될까? 세계화는 실현될까? 궁금증은 끝이 없다. 분명한 건 편의점을 예의 주시하다 보면 경제와 사회의 흐름이 눈에 들어올 거라는 점이다.

《편의점의 진화》의 간행에 부쳐 니혼게이자이 신문사 관계자께도 감사의 인사를 드리고 싶다. 그중에서도 닛케이 온라인판에 연재할 때부터 디자인을 담당했던 다무라 아키히코田村明彦씨, 가마타 다에코鎌田多惠子씨, 후지사와 아이藤沢愛씨, 그리고 북 디자인을 담당해 준 우메다 도시노리梅田敏典씨를 비롯한 디자인 사무소 분들의 노고 덕에 화사하면서도 가독성 높은 책이 완성될 수 있었다. 더불어 원고 체크나 수정은 물론, 다양한 아이디어를 내어준 종합해설 센터의 야마네 기요시山根清志 부그룹장님께는 깊이 고개 숙여 감사드린다. 무엇보다 졸저를 끝까지 읽어주신 독자 여러분께 고마움을 전한다.

2024년 11월 모일.
도쿄 오테마치 닛케이 본사에 있는 데스크에서 내추럴 로손에서 산 감, 훼미리마트의 이마바리산 타월, 세븐일레븐의 연혁집을 바라보며

니혼게이자이 신문사 나카무라 나오후미

편의점 50년사에 일어난 주요 사건

연도	편의점 편	주요 유행과 소비 및 사회현상
1971	◆ 세이코 마트 삿포로에 1호점 오픈	◆ 닛케이 유통 신문(현 닛케이 MJ) 올해의 히트상품 발표 개시 ◆ 일본 맥도날드 긴자에 1호점 오픈
1972	◆ 중소기업청 편의점 매뉴얼 작성	◆ 다이에, 미쓰코시 백화점 매출 추월
1973	◆ 훼미리마트 사이타마현 사야마시 1호점 오픈	◆ 대규모 소매 점포법 통과 ◆ 제1차 석유파동
1974	◆ 세븐일레븐 1호점 오픈	◆ 요미우리 자이언츠의 4번 타자 나가시마 시게오 은퇴 ◆ 문고본, 카메라 등 '포켓 사이즈' 유행
1975	◆ 다이에, 로손 1호점 오픈	◆ 프로 야구단 '히로시마 카프'의 첫 우승으로 구단의 마스코트인 빨간 모자 유행, 일회용 라이터 유행
1976	◆ 세븐일레븐 100호점 달성, '세븐일레븐 좋은 기분' CM 공개	◆ 동요 〈헤엄쳐! 붕어빵 군〉 대히트
1977		◆ 핑크 레이디 데뷔 ◆ 영화 〈인간의 증명〉 흥행
1978	◆ 세븐일레븐 주먹밥 발매	◆ 미 갤브레이스 교수의 《불확실성의 시대》 베스트셀러 ◆ 인베이더 게임 출시

연도	편의점 편	주요 유행과 소비 및 사회현상
1979	◆일본 델리카 푸드 협동조합 발족, 세븐일레븐 어묵 판매 개시	◆소니 '워크맨' 출시
1980	◆로손과 썬 체인 업무제휴 ◆세븐일레븐 1000호점 달성 ◆미니스톱과 선쿠스 1호점 오픈	◆루빅스 큐브 인기몰이 ◆가수 겸 배우 야마구치 모모에 은퇴 ◆개인 PC와 VTR 히트 ◆무인양품 등장
1981	◆훼미리마트 100호점 달성, ◆세코마 홋카이도 100호점 달성	◆《창가의 토토》 베스트셀러
1982	◆로손·썬 체인 연합 1000호점 달성 ◆세븐일레븐 POS 시스템 도입	◆소형차 확산 ◆콤팩트디스크 등장
1983		◆도쿄 디즈니랜드 개장 ◆NHK 아침드라마 〈오싱〉 인기몰이
1987	◆훼미리마트 1000호점 달성, 오키나와 진출 ◆세븐일레븐 전기요금 수납 서비스 개시	◆아사히 맥주 '슈퍼드라이' 히트 ◆생활소비재 대기업 가오가 출시한 세제 '어택' 히트
1989	◆로손과 썬 체인 합병 ◆훼미리마트 '당신과 함께 훼미리마트' 광고	◆도요타 자동차 '셀시오' 등 고급차 붐 ◆에너지 드링크 '리게인'의 광고 문구 '24시간, 달릴 수 있습니까?' 화제
1990	◆이토요카도, 미 사우스랜드 인수 작업 돌입	◆〈마루코는 아홉 살〉 방영 시작
1991	◆로손 '동네 안심 스테이션' 선언	◆드라마 〈백한 번째 프러포즈〉 히트 ◆청량음료 '칼피스 워터' 발매

연도	편의점 편	주요 유행과 소비 및 사회현상
1993		◆ J리그 개막
1995	한신·아와지 대지진 발생	◆ 마이크로소프트 '윈도우 95' 등장 ◆ 노모 히데오 투수 메이저리그 진출
1996	◆ 로손 중국 상해에 '가라아게군' 발매	◆ 80엔 햄버거 히트 ◆ '아무로 나미에 패션' 붐 ◆ 소설 《실낙원》 화제 ◆ 게임기 '다마고치' 등장
1997	◆ 로손 일본 전역 출점 완료, '화장실 개방' 선언	◆ 영화 〈원령공주〉 대히트 ◆ JR 교토 이세탄 백화점 오픈
1998	◆ 이토추상사 훼미리마트 최대 주주 등극 ◆ 서클K와 선쿠스 자본업무 제휴 ◆ 로손 멀티미디어 단말기 '로피(Loppi)' 도입	◆ 요코하마 DeNA 베이스타스 38년 만에 일본 프로야구 우승 ◆ 영화 〈타이타닉〉 히트 ◆ 소비세 환원 세일 ◆ 유니클로 '플리스' 붐
2000	◆ 다이에, 로손 주식을 미쓰비시 상사에 반납(이듬해 미쓰비시 상사가 최대 주주 등극)	◆ 슈퍼마켓 체인 나가사키야, 소고 등 잇따라 부도 ◆ 평일 반액 버거 등장
2001	◆ 아이와이뱅크(현 세븐은행) 오픈 ◆ 훼미리마트 500개 점포 폐쇄 말표 ◆ '내추럴 로손' 오픈	◆ 이치로 선수 메이저리그시 활약 ◆ 미국 9.11 테러 ◆ 요시노야 200엔대 쇠고기덮밥 출시 ◆ 광우병 발생 ◆ 소매 기업 마이칼 부도 ◆ 도쿄 디즈니 파크 오픈 ◆ 'ipod' 등장
2003	◆ 세븐일레븐 점포 수 1만 개 달성	◆ 롯폰기 힐스, 이세탄 신주쿠 본점 남성관 개업

연도	편의점 편	주요 유행과 소비 및 사회현상
2004	◆세븐일레븐 베이징 첫 입점	◆〈겨울연가〉 히트, 한류열풍 ◆인터넷 소설 《전차남》
2005	◆지주회사 세븐앤드아이홀딩스 설립	◆여름철 에너지 절약 캠페인 '쿨비즈(Cool-Biz)' 확산 ◆경주용 말 '딥 임팩트' 돌풍
2006	◆훼미리마트 '훼미치키' 출시	◆어린이 직업 체험 테마파크 '키자니아 도쿄' 오픈 ◆세븐앤아이, 소고·세이부 인수
2007	◆세븐일레븐 '세븐프리미엄' 출시	◆전자 화폐의 보급 ◆닌텐도 'Wii' 인기몰이 ◆다이마루와 마쓰자카야 백화점 합병
2008	◆세븐일레븐 에너지절약형 점포 설비 도입	◆미쓰코시와 이세탄 합병 ◆일본 트위터 상륙
2009	◆공정거래위원회, 세븐일레븐에 할인 억제책 해제 명령 ◆로손 '프리미엄 롤케이크' 출시 ◆로손 균일가형 신선식품 편의점 '구구 플러스' 완전 자회사 전환	◆가전 에코 포인트 개시 ◆무알코올 맥주 '기린 프리' 등장 ◆패스트 패션 붐 ◆정권 교체 ◆스마트폰 본격 상륙
2010	◆훼미리마트, 에이엠피엠 재팬 인수	◆LED 전구 보급 ◆'먹는 라유' 열풍
2011	**동일본 대지진 발생** ◆로손 점포 수 1만 개 달성	◆나데시코 재팬 여자월드컵 우승 ◆도호쿠 지방 살리기 캠페인 ◆규슈 신칸센 개통
2012	◆세븐일레븐 초소형 전기차 배송 서비스	◆LINE 인기 ◆저가항공사 확대 ◆도쿄 스카이트리 개장

연도	편의점 편	주요 유행과 소비 및 사회현상
2013	◆훼미리마트 점포 수 1만 개 달성 ◆'세븐카페' 출시, 세븐골드의 '황금식빵' 히트	◆아침드라마 〈아마짱〉, TBS 〈한자와 나오키〉 인기 ◆호화 열차 '나나쓰호시 in 규슈' 운행 개시
2014	◆로손 일본 편의점 체인 포플러와 자본 업무제휴	◆닌텐도 게임 '요괴 워치' 히트 ◆〈겨울왕국〉 히트 ◆인간형 로봇 '페퍼' 등장
2015	◆훼미리마트, 코코스토어 인수	◆호쿠리쿠 신칸센 개통 ◆정액 OTT 플랫폼 인기
2016	◆세븐앤드아이 스즈키 회장 퇴임 ◆소설 《편의점 인간》 히트 및 아쿠타가와상 수상 ◆훼미리마트, 서클K 선쿠스 통합	◆'포켓몬 GO' 붐 ◆영화 〈너의 이름은〉 〈신고질라〉 히트 ◆인공지능(AI) 확산 ◆투수 겸 타자 야구 선수 오타니 쇼헤이 등장 ◆인스타 감성 샷 유행, 일본 최대 중고 거래 앱 '메루카리' 화제
2017	◆로손, 미쓰비시 상사의 자회사로 전환	◆'아마존 효과' 유행어 등극 ◆똥 캐릭터가 등장하는 한자 학습지 히트
2018	◆세븐일레븐 점포 수 2만 개 달성	◆아무로 나미에 은퇴 ◆틱톡 이용 급증 ◆구독 서비스 확산 ◆BL 코미디 드라마 〈아재's 러브〉 인기 ◆의류 브랜드 워크맨(WORKMAN) 인기
2019	◆세븐일레븐의 히가시오사카 시 점주가 24시간 영업에 항의	◆일본, 럭비 월드컵 8강 진출 ◆타피오카 붐 ◆우버이츠 확대

연도	편의점 편	주요 유행과 소비 및 사회현상
2020	코로나19 바이러스 감염 확산	◆재택근무 및 학습 ◆재택 소비 ◆《귀멸의 칼날》 대히트
2021	◆세븐일레븐 미국 스피드웨이 인수	◆오타니 선수, 메이저리그에서 MVP 수상 ◆무관중 도쿄 올림픽 개막
2022	◆세븐일레븐 전 세계 점포 수 8만 개 달성	◆유산균 음료 '야쿠르트 1000' 유행 및 야쿠르트 스왈로스 야구팀 소속의 무라카미 무네타카' 선수 대활약 ◆만화 캐릭터 '치이카와' 유행
2023	◆세븐카페 스무디 출시	◆WBC 우승 ◆천재 장기 기사 후지이 소타 활약 ◆생성형 AI 등장 ◆한신 타이거즈 38년 만에 일본 프로 야구 우승 ◆저가형 헬스장 '초코잡' 등장 ◆J-POP 그룹 YOASOBI 신곡 '아이돌' 발표
2024	◆KDDI, 로손에 50퍼센트 출자, 로손 상장폐지 ◆캐나다 기업, 세븐일레븐에 인수 제안, 창업자 가문의 일원이 맞대응 차원에서 경영진 인수(MBO) 제안	◆신 소액투자 비과세제도(NISA) 시행 ◆호쿠리쿠 신칸센, 후쿠이까지 연장 ◆엔저 ◆TBS 〈부적절한 것도 정도가 있다!〉 히트 ◆증강현실 등 몰입 체험 유행

편의점의 진화

초판 1쇄 인쇄 2025년 9월 12일
초판 1쇄 발행 2025년 9월 19일

지은이 나카무라 나오후미
옮긴이 박정아

기획 이상욱 · 장동원
책임편집 오윤근
디자인 위하영
제작 제이오엘앤피

펴낸곳 워터베어프레스
등록 2017년 3월 3일 제2017-000028호
주소 서울시 송파구 올림픽로35가길 9, 102동 2002호
홈페이지 www.waterbearpress.com
이메일 book@waterbearpress.com
ISBN 979-11-91484-35-9 03320

* 책값은 뒤표지에 있습니다. 잘못 만들어진 책은 구입하신 곳에서 바꿔드립니다.